Georg Kühlewind

MEDITATIONEN

GEORG KÜHLEWIND

MEDITATIONEN

über Zen-Buddhismus,
Thomas von Aquin und Anthroposophie

VERLAG FREIES GEISTESLEBEN

Georg Kühlewind wurde am 6. März 1924 in Budapest geboren. Mit etwa 40 Jahren hat er sich entschlossen, von vorne anzufangen und den geistigen Schulungsweg neu aufzubauen. Mit 55 ließ er sich von seinem Lehrstuhl für Physikalische Chemie an der TU Budapest pensionieren und widmete sich seither ausschließlich der Geistesforschung. Er hat über 20 Bücher geschrieben und weltweit unzählige Vorträge und Seminare gehalten zu Themen wie der Bewusstseinsschulung, der Psychologie, der Pädagogik, der Sprachwissenschaft und der Christologie. Georg Kühlewind ist am 15. Januar 2006 gestorben.

ISBN-13: 978-3-7725-1831-7
ISBN-10: 3-7725-1831-1

2. Auflage 2006
Verlag Freies Geistesleben
Landhausstraße 82, 70190 Stuttgart
Internet: www.geistesleben.com

Einband: Thomas Neuerer unter Verwendung
eines Fotos von Andreas Neider
Druck: Offizin Chr. Scheufele, Stuttgart

Der Name, kann er ausgesprochen werden,
ist nicht der ewige Name.

Chinesischer Spruch

Inhalt

Lyrisch-persönliche Gebrauchsanweisung

Warum ich dieses Büchlein geschrieben habe? Erste Antwort: Nur so. Zweite Antwort: Weil mich die drei Repräsentanten Rudolf Steiner, Thomas von Aquin, Bodhidarma – Zen überhaupt – fasziniert haben. Dritte Antwort: Weil ich doch, im Grunde meiner Seele, Optimist bin – jeder, der spricht oder schreibt, ist es. Und so hoffe ich auf einige Leser, die verstehen: verstehen, was mit dem wahren Selbst, mit der Leere als höchster Realität gemeint ist – sehr harte Nüsse für den westlich erzogenen und manipulierten Menschen; verstehen, daß man über die eingefleischte Dualität durch das dualistische Denken und Gerede nicht hinauskommt. Und verstehen, warum so viele Meditationen – mehr als hundert – im Text empfohlen werden: Die Welt und der Mensch *sind* Meditationsthemen.[1] Nun, allzu optimistisch bin ich wiederum auch nicht.

Wo Lehre, Predigt, Rede ist, wird ein Ich auf beiden Seiten vorausgesetzt, was auch die Lehre, Predigt, Rede behauptet. Vielleicht ist es eine Provokation großen Ausmaßes, das Leugnen des Ich nämlich, wie die Zen-Meister es oft verwendet haben, wenn sie einen Schüler anfuhren: Du hast keine Buddha-Natur! Wie sonst hätte der Kerl verstehen können, was der Meister sagte? Wenn man nach den sechs Gesichtspunkten – Gestimmtheit zum Verstehen, Gestimmtheit zum Guten, das Erkennen, das höhere Erkennen, das wahre Selbst und Leere als Wirklichkeit – die drei Lehren vergleicht, merkt man: die Zielsetzungen sind ziemlich die gleichen, die Wege sind unterschiedlich. Das menschliche Selbst, gemeinsame Zielrichtung, ist nur durch Praxis, Üben, Tun zu erreichen – das Nicht-Tun, Nicht-Denken und so weiter des Zen ist die allergrößte Aktivität; Wisserei über dies und das, Wohlinformiertheit über die geistige Welt ist ohne Verwirklichung nutzlos, sogar hinderlich. Die lichtvolle Leere, aus der alles geworden ist und wird, ist die Erfahrung des wahren Ich. Die Armen im Geist, die sich dem leeren Selbstbewußtsein annähern oder sich plötzlich in ihm finden, wissen aus Erfahrung: Jede Weisheit, Lehre, jedes Licht kann in jeglichem Satz, jedweder Wahrnehmung oder jeglichem Bild zusammengefaßt werden – es liegt an der Denkqualität oder am Blick:

Der Zypressenbaum im Hof.

Wer wissen möchte, wie sich in meinem Leben die drei Autoren zusammengefunden haben, der lese den folgenden biographischen Bericht.

Nach einem Vortrag, den ich in der Schweiz – wahrscheinlich in Zürich – Ende der sechziger Jahre hielt, trat eine holländische Dame an mich heran und fragte, ob ich mit Zen-Buddhismus bekannt sei, meine Art zu reden lege ihr das nahe. Auf meine verneinende Antwort hin schickte sie mir ein Buch von D.T. Suzuki, nämlich *Die Zen-Lehre vom Nichtbewußtsein.* Dieses wirkte auf mich wie ein erfrischender Regen, und in der Tat habe ich manche der eigenen Ansichten und Gedanken in den Lehren der alten Zen-Meister wiedergefunden, besonders aber das Betonen des «Hier und Jetzt» und den «natürlich» gegebenen Zugang zur Geistigkeit. Das bewog mich, viele Bücher über Zen zu lesen, und auch manche Freundschaft zu Zen-Meistern und Zen-Schülern ist aus der Anregung entstanden. So zum Beispiel ist 1984 ein Gespräch mit einem Meister in San Francisco sehr wichtig für mich und meine weitere Arbeit geworden. Ich habe ihn gefragt, wie die Zen-Schüler ihren inneren Weg beginnen. «Wir achten (we pay attention) auf das, was uns am nächsten ist, nämlich auf das Atmen», war seine Antwort. Ich hatte daraufhin einen kleinen Geistesblitz und sagte: «Wenn Sie Ihre Aufmerksamkeit auf das

Atmen richten, dann ist diese Aufmerksamkeit ihnen näher als das Atmen.» Er lächelte, ich lächelte, das Thema war *fürs erste* abgeschlossen. Bei mir aber war das der Anfang eines Weges, dessen vorläufige Ergebnisse in dem Buch *Aufmerksamkeit und Hingabe* vorliegen und dessen weitere Konsequenzen auch im vorliegenden Buch eine große Rolle spielen. Und der Weg ist hoffentlich noch nicht zu Ende!

Mitte der siebziger Jahre schenkte mir eine befreundete Dame – Marion Spitta – ihre eigene Ausgabe des *Compendium Theologiae* von Thomas von Aquin. Ich habe die zweisprachige Ausgabe gelesen und fand vieles darin sehr interessant, besonders in Beziehung zu Steiners vier Vorträgen über Thomas. Das Compendium zeigte ein ziemlich anderes Bild. Aber die Begeisterung für Thomas' Werk begann erst, als ich von dem befreundeten Professor Norbert Pfennig das erste Buch von Josef Pieper geschenkt erhalten hatte (etwa 1984): *Die Wahrheit der Dinge.* Das Wort «Wahrheit» war eines der zentralen Themen in meinem Buch *Das Gewahrwerden des Logos* (1978), und nun tauchte es im Zusammenhang mit der mittelalterlichen These «omne ens verum» – «alles Seiende ist wahr» –, durch Thomas vielfach bearbeitet, auf. Erst las ich Josef Piepers weitere Werke mit unverminderter Begeisterung, dann aber die des Thomas selbst.

Mit der Anthroposophie war ich seit 1945 bekannt – auch durch eine Freundin von uns (der Plural bezieht sich auf meine Frau). Es ist ersichtlich, die Kunst des Lebens besteht großenteils daraus, daß man die richtigen Freunde findet.

Seit langem beschäftigte mich die Spannung der Verschiedenheit im buddhistischen und christlichen Denken und Fühlen, und als ich 1991 begann, über Anthroposophie und Zen vorzutragen und Seminare zu halten, rückte das Thema des vorliegenden Buches immer näher. In der Zusammenschau der drei Lehren, die wohl für mein Leben die wichtigsten waren – als Vorbereitung diente Karl Kerényis glänzender Unterricht über griechische Mythologie –, ergaben sich die sechs Gesichtspunkte wie von selbst. Es sind die wichtigsten und primären Fragen einer Weltpraxis – nicht «Weltansicht» –, ob man sich dessen bewußt ist oder nicht. Am meisten befremdend ist wohl das Kapitel «Leere als Wirklichkeit» – seine Überschrift scheint dem Geist des Westens ganz zu widersprechen. Jedoch nur die Überschrift, so hoffe ich. Und es sind Goethes Worte aus dem Faust nicht zu vergessen: «In deinem Nichts hoff' ich das All zu finden.»

Das Leben baut sich zunächst als Spannung zwischen Selbst und Wirklichkeit auf. Diese Spannung wird durch die ersten vier Kapitel dargestellt und gemildert. Im fünften und sechsten wird dann die Identität der zwei Pole ins Licht gehoben, um im siebenten als Weltenlicht gefeiert werden zu können. –

Meditation 109 könnte auch lauten:

Das einzige Urphänomen ist das Verstehen.

Praktisch-sachliche Gebrauchsanweisung

Thomas von Aquin konnte ich lateinisch, Aristoteles griechisch lesen und die Übersetzungen gegebenenfalls korrigieren. Eine unschätzbare Hilfe sind in bezug auf Thomas die Bücher von Josef Pieper. Selten findet man einen modernen Geist, der sich so tief mit einem heiligen Denker des Mittelalters verbinden kann. Seinem Geist sei von Herzen ein Dank ausgesprochen.

Chinesisch und Japanisch kann ich leider nicht. D.T. Suzuki ist aber auch auf Deutsch oder Englisch überzeugend. Bodhidarma lese ich in der englischen Übersetzung eines heutigen Zen-Mönchs in Taiwan – die deutsche Ausgabe des Buches finde ich zu sehr «deutend». Ich bin überzeugt, daß man dieses Chinesisch und Chinesisches überhaupt nur sehr beschränkt in eine moderne Sprache übersetzen kann. Die größte Schwierigkeit ist, daß wir nicht mehr die großen, umfassenden Begriffe haben, die in älteren Texten – zum Beispiel auch des Wolfram von Eschenbach – verwendet werden. Ich weiß aber aus Erfahrung, besonders durch die Arbeit mit dem griechischen Neuen Testament, daß sich durch Meditation auch ein ungenauer Text ins Rechte rückt.[2] Auch deswegen ist dieses Buch so meditativ strukturiert. Die Texte Rudolf Steiners sind meiner Ansicht nach ohnehin überwiegend meditativ, und ich glaube kaum, daß Thomas, trotz allem Anschein von Rationalität, weniger anspruchsvoll ist.

Zur Authentizität der Bodhidarma-Reden: Bei der dritten hege ich den Verdacht, daß sie nicht von demselben Verfasser herrührt wie die ersten zwei. In bezug auf sie halte ich es mit einem ungarischen Humoristen – er hat das auf die Shakespeare-Frage gemünzt –: Wenn der Autor dieser Reden nicht Bodhidarma war, so ein anderer, der auch Bodhidarma hieß. Die Qualität der Texte ist ausschlaggebend: Das ist die wirkliche Authentizität.

Und einige Worte zu Bodhidarma:

Bodhidarma war ein indischer Königssohn, um 440 als Brahmane geboren. In seiner Jugend wechselte er zum Buddhismus über. Sein buddhistischer Lehrer Prajñadhara forderte ihn auf, nach China zu gehen. Er erreichte Südchina um das Jahr 475. In China war der Buddhismus damals schon ziemlich verbreitet. Die legendenumwobene Gestalt des Bodhidarma begründete Zen. Dieses geht eigentlich auf die Blumenpredigt des Buddha selber zurück: Buddha hielt ohne ein Wort zu sagen eine Blume hoch. Das Wesen des Zen ist – gemäß Bodhidarma – die Entdeckung und Verwirklichung des menschlichen geistigen Selbst (Selbstnatur), das mit Buddha oder Buddhaschaft gleich ist. Dieser Geist ist die Quelle jeglichen menschlichen Tuns, Verstehens, Wahrnehmens und daher in verhüllter Form in jedem Menschen anwesend.

Mehr über Bodhidarma werden Sie, so hoffe ich, aus den Texten des vorliegenden Buches entnehmen können. Weiteres über ihn finden Sie in der chinesisch-englischen Ausgabe *The Zen Teaching of Bodhidarma,* North Point Press, San Francisco 1989; deutsch: Bodhidarmas Lehre des Zen, Theseus Verlag, Zürich, München 1990.

Im Text wird auf die zitierten Quellen in Form von Abkürzungen verwiesen. Der Schlüssel zu ihnen findet sich am Ende des Buches unter «Literatur und Abkürzungen». Ergänzende Texte zum jeweiligen Thema wurden im Anschluß an den Hauptteil des Buches zusammengestellt. Auf sie wird an entsprechender Stelle mit der Abkürzung T und einer Ziffer hingewiesen.

Es ist mir klar, daß dieses Buch «schwer» ist, daß seine Lektüre Ihnen, sehr verehrter Leser, manches abverlangt. Vielleicht können Ihnen die folgenden Hinweise helfen.

1. Versuchen Sie bitte, sehr langsam zu lesen, mit dem lockeren, spielenden Willen, mit dem man musiziert oder auf etwas zeigt, mit aktiver Entspanntheit.

2. Wenn Sie zu einem Meditationsthema gelangen, nehmen Sie sich Zeit zu meditieren – wenn Sie es können –, zu kontemplieren – beschauliches Nachdenken –, zu besinnen – konzentriertes tiefes Denken –, bis der Satz in Ihnen zumindest heimisch wird.

Ich würde mich dafür entschuldigen, so viele Meditationen in einem schmalen Buch anzubieten, wenn ich nicht wüßte, daß die behandelten Fragen, Themen, Prozesse, wie eben die ganze Welt, allein durch *Erfahrung* zu verstehen sind, durch geistige Erfahrung nämlich – alles andere ist Täuschung. Wenn man meditative Texte als Informationen nimmt – und das geschieht oft –, so ist das auch Täuschung.

3. Für mich war es fruchtbar, die je drei Einstellungen zu den Kapitelthemen nach dem Durchgang durch das betreffende Kapitel zu vergleichen und das Ergebnis in eine Gefühlsfarbe, eine Qualität des Fühlens zu verwandeln, sofern das möglich ist.

4. Man kann aus dem Text, aus den mitgeteilten Texten vielerlei Konsequenzen ziehen – das wäre wünschenswert. Wenn man die älteren Lehren versteht, wird man auch die modernen geistigen Wege viel besser verstehen. Wie schon in meinem vorangehenden Büchlein *Aufmerksamkeit und Hingabe* war es mein Hauptanliegen, den Leser zum Verständnis des *Selbst* zu führen und womöglich in ihm den Wunsch, die Absicht, den Versuch anzuregen, ein Selbst zu werden.

G. Kühlewind *Budapest, August 1998*

Einstimmung

Die Sinneswelt heißt so, weil zu ihrem Erscheinen die Sinne notwendig sind; Verständnis, Einsichten, Intuitionen entstehen ohne Inanspruchnahme der Sinne. Das gilt auch für die partiellen Verständnisse, in welche alle Sinneswahrnehmungen gekleidet sind, das heißt für alle Qualitäten, Formen, Verhältnisse, Zusammenhänge, für alles also, das auf die Frage «Was?», «Was nehme ich wahr?» als Antwort gegeben werden kann. Nicht nur, daß die Wahrnehmungen des Erwachsenen immer ein Etwas oder ein Das zum Inhalt haben, auch schon alle Qualitäten, Farben, Geschmäkke, Gerüche, Tastqualitäten und so weiter stammen weder aus der physikalischen Einwirkung auf die Sinnesorgane noch aus den durch sie verursachten Veränderungen in ihnen, sondern aus einem *Begreifen,* ohne welches keine Qualitätswahrnehmung möglich ist (siehe unten das Beispiel der Farbwahrnehmung).

Qualität, Form, Gestalt, Konfiguration oder Struktur gehören der Welt der Bedeutungen an und haben nichts zu tun mit Raum und Zeit – welche Attribute der Sinneswelt sind. Raum- und Zeitlosigkeit ist gleichbedeutend mit Stoff-Freiheit, und es kann für eine Bedeutung in der Tat auch kein Stoff, kein «Woraus ist es?» gefunden werden.

In der Sinneswelt zu leben bedeutet, daß wir nur wahrnehmen, wenn die Sinnesorgane eine physikalische Einwirkung erhalten. Aus dieser allein kann das Wahrgenommene jedoch nie abgeleitet, wie auf eine Wirkung zurückgeführt (reduziert) werden, denn das Wahrgenommene ist immer schon «gedeutet», mit Qualitäten, Formen und so weiter versehen. Die physikalische Wirkung ist notwendig, um die «deutende» geistige Tätigkeit in Gang zu setzen. Nicht die Wirkung wird gedeutet – was im Auge, im Ohr beim Sehen und Hören geschieht, bleibt meistens völlig unbewußt. Die Aufmerksamkeit muß zu dieser deutenden Tätigkeit «belehrt» werden. Diese Belehrung ist immer begrifflich. Das Kind kann die Farben unterscheiden und wiedererkennen, wenn es gelernt hat, die Aufmerksamkeit *selektiv* nur auf die Farbigkeit zu richten, unabhängig von dem Träger, dessen Größe, Gestalt, Stofflichkeit und so weiter: Der Begriff «Farbe» oder «Farbigkeit» muß, auch unbenannt, schon da sein. Wie die Farbenskala eingeteilt wird, hängt von der sprachlichen Belehrung ab.[3]

Die physikalische Einwirkung ist nicht die *Ursache* der Sinneswahrnehmung, denn diese ist ein Bewußtseinsvorgang, der von der Aufmerksamkeit und der Belehrung des Bewußtseins abhängig ist – wie ein Musikinstrument und die physikalischen Vorgänge in ihm zum Musizieren notwendig sind, aber nicht *kausal* mit der Musik zusammenhängen.

In irgendeinem Maße wird jede Sinneswahrnehmung gedeutet, und was nicht gedeutet werden kann, wird auch nicht wahrgenommen. Menschen, die nicht wissen, was ein Auto ist, sehen auch keines, so wie jemand, der nicht weiß, was im Vexierbild zu suchen ist – oder nicht weiß, wie das zu Suchende aussieht –, es nie finden kann. Die Fähigkeit, in einem Wahrnehmungseindruck *etwas* zu finden, im Gestrüpp des Vexierbildes die Figur, nennen wir «Deutung» oder, von der Seite des Wahrnehmenden gesehen, «Verstehen». Diese Fähigkeit, hinter oder in der Sinneswahrnehmung eine *begriffliche* Bedeutung zu vernehmen, das Verstehen also, ist nicht identisch mit einem konditionierten Reflex, da es Begriffsbildung voraussetzt. Das Verstehen kann nicht unterrichtet werden, weil jeder Unterricht es als Fähigkeit voraussetzt.

Es gibt auch andere Fähigkeiten, die nicht unterrichtet werden können, so zum Beispiel der Sinn für Humor oder die Frömmigkeit. Diese setzen eine Gestimmtheit für das Verstehen und im Falle von Frömmigkeit auch eine Gestimmtheit zum Guten voraus. Ohne diese Voraussetzung kann man keinem erklären, was Verstehen und was das Gute ist. Wenn die Voraussetzung erfüllt ist, braucht man diese Ideen nicht zu erklären, man kann es auch dann nicht. Das Kleinkind kommt mit der Fähigkeit auf die Welt, zu *verstehen*, wenn es hört: «Die Suppe ist gut», «Benimm dich gut», «gutes Wetter», «guten Tag» – später –«gutes Geschäft», «gute Frage», «guter Mensch» – ohne jegliche Erklärung, wie die verschiedenen «Gutheiten» zusammenhängen. Niemand könnte es erklären. Trotzdem verstehen wir diese Ausdrücke und das Wort «gut» und verwenden es meistens richtig. Die Gestimmtheit für Bedeutung (oder das Verstehen) und für das Gute sind angeboren.

1. Die Gestimmtheit zum Verstehen, zur Bedeutung

Was «Verstehen» ist, kann nicht mit Worten beschrieben werden. Eines ist sicher:

> 1. *Was verständlich ist – was wir verstehen können –, ist nicht sinneswahrnehmbar.*

Damit ist schon vieles über das Verstehende, das Element, das verstehen kann, ausgesagt: Es kann ebensowenig sinneswahrnehmbar sein.

> 2. *Das Verstehende ist nicht sinneswahrnehmbar.*

Da aber Verstehen, Irrtum, Mißverstehen, Illusion oder auch Erfahrung – einschließlich der Erfahrung «Das verstehe ich nicht» – ohne ein Subjekt, ein «Ich», nicht vorzustellen sind, lautet die dritte Meditation, verwandt mit den zwei vorangehenden:

> 3. *Der Verstehende ist nicht sinneswahrnehmbar.*

Was nicht sinneswahrnehmbar ist – wobei die verlängerten Sinne, die wissenschaftlich-technischen Apparate mit zu den Sinnen gezählt werden –, ist nicht stofflich und damit weder räumlich noch zeitlich.

> 4. *Das Verstehen und der Verstehende sind raum- und zeitlos.*

Liebe Leserin, lieber Leser,

mit dieser Karte können Sie uns Ihre Fragen und Wünsche oder Ihre Meinung zum Buch mitteilen.

Diese Karte entnahm ich dem Buch: ______________________________

Meine Meinung zu diesem Buch:

Ich habe folgende Fragen / Wünsche:

Ein Seiendes ohne Stoff, Raum und Zeit ist durch das Alltagsbewußtsein nicht vorzustellen. Man kann solches Sein nur in der Erfahrung erleben – darauf zielt die 4. Meditation. Die Fähigkeit zum Verstehen ist dem unstofflich Verstehenden durch seine Verwandtschaft mit dem Urwort gegeben.

5. *Im Verstehen berühren wir die Logoskraft und leben in ihr.*

Der Verstehende *lebt* nur im Verstehen, sonst, in der Erinnerung an das Verstehen, ist er in einer Vergangenheitswelt, in welcher er das Mich-Empfinden für sein Ich hält. Das Mich-Empfinden oder die Egoität kommt im Kleinkindalter ungefähr zur Zeit des ersten Ich-, Mich-, Mein-Sagens zustande und wird für gewöhnlich als die Identität der Person mit ihrem Körper erlebt.

6. *Ich lebe im Verstehen.*

Ist die Intensität des Verstehens hinreichend stark, so tritt im Verstehen der Verstehende – der normalerweise im Hintergrund des Verstehens bleibt – zum Vorschein: Er versteht sich selbst.

7. *Im Verstehen werde ich Selbst.*

Dieses Selbst ist, jedoch ohne seiner selbst bewußt zu sein, in *jedem* Verstehen wirksam, als ein verborgener, stillschweigender Zeuge. Daher kann es schon im Alltagsbewußtsein klar werden, daß der Mensch im Mich-Empfinden – das sich auf den Körper bezieht – ein Objekt erlebt, kein Subjekt, ein Objekt nämlich des verborgenen Zeugen, einer Aufmerksamkeit, die das Mich-Empfinden als ihr Objekt entdeckt oder wahrnimmt.

8. *Im Mich-Empfinden mißversteht sich das Ich. Oder: Das Mich-Empfinden ist ein Mißverständnis des Ich.*

Der Begriff «Mißverstehen» hat nur Sinn, wenn man um das Verstehen weiß. Ohne Verstehen würden wir ein Mißverstehen nicht feststellen können.

Das Verstehen als Fähigkeit ist in uns, wie wir selbst, *gegeben.*

Die Gestimmtheit zum Verstehen in der Anthroposophie

In der Erkenntnis-Beschreibung[4] Rudolf Steiners spielt der Begriff des Gegebenen[5] eine zentrale Rolle. Wenngleich wir in seinem Werk eine Differenzierung dieses Begriffes in das erkenntnistheoretisch – oder bewußtseinsmäßig – Gegebene und das ontologisch Gegebene nicht finden, wird uns das letztere im Hinblick auf das «Gestimmtsein» dennoch beschäftigen. Im 4. Kapitel von *Wahrheit und Wissenschaft* taucht der Begriff des Bewußtseinsgegebenen auf: Alles, was ohne aktuelle Erkenntnistätigkeit im Bewußtsein ist oder in ihm erscheint, ist «gegeben». Die Elemente vorangegangener Erkenntnistätigkeit können in einem Gedankenversuch entfernt werden; dann gelangen wir zu einem «zusammenhanglosen und doch auch nicht in individuelle Einzelheiten gesonderten Weltbild, in dem nichts voneinander unterschieden, nichts aufeinander bezogen ist ...» Dazu gehört eine wichtige Fußnote: «Das Absondern individueller Einzelheiten aus dem ganz unterschiedlosen gegebenen Weltbild ist schon ein Akt gedanklicher Tätigkeit.» (W. u.W. 50) Die strenge Wegschälung der Begrifflichkeiten wird im weiteren gemildert dadurch, daß zum Gegebenen auch «Empfindungen, Wahrnehmungen, Anschauungen, Gefühle, Willensakte, Traum- und Phantasiegebilde, Vorstellungen, Begriffe und Ideen» (S. 55) hinzugerechnet werden. Auch das Denken erscheint im Bewußtsein wie vorgefunden (S. 57): «*Gegeben* in unserem Sinne kann alles werden, auch das *seiner innersten Natur nach Nicht-Gegebene.*» Das Denken, genauer: die Denkfähigkeit ist *ontologisch* gegeben, denn um wirklich zu denken, muß der Mensch tätig sein. Eben dadurch werden ihm seine Begriffe und Ideen durchsichtig, verständlich, fraglos (S. 59).

Die Gegebenheit des Denkens erscheint in vielfältiger Form auch in Steiners *Philosophie der Freiheit.* Da sie wie eine überbewußte Fähigkeit wirksam ist, sind die entsprechenden Ausssagen in der *Philosophie der Freiheit* Meditationssätze.[6] Diese Sätze sind nicht einfach informativ, sondern sie verweisen auf die Meditation, durch die ihr Inhalt zur Erfahrung wird.

> 9. *Im Denken haben wir ein Prinzip,*
> *das durch sich selbst besteht.*
> *(PhdFr 51)*

> 10. *Ich bin Träger einer Tätigkeit, die von einer*
> *höheren Sphäre aus mein begrenztes Dasein bestimmt.*
> *(PhdFr 91)*

Das überbewußte «Wie» des Denkens ist deshalb schwer zu begreifen, weil jedes bewußte Denken es verwendet, und das bewußte Denken ist eben dadurch sich selber völlig durchsichtig und verständlich. Man müßte als Erfahrender in das übersprachliche Denken hineinreichen, um dieses «Wie» zu erfassen. Dieses ist es, was das Kleinkind dazu befähigt, sich jegliche Sprache als Muttersprache zu «erwerben» – wir haben kein wirklich passendes Wort dafür – und sich in der Zeit des passiven Spracherwerbs – wenn es schon versteht, aber noch nicht spricht – die Bedeutung der Worte und besonders die Grammatik der Sprache anzueignen, ohne irgendeine grammatische Begrifflichkeit zu besitzen.

Immerhin kann auf die Gegebenheit des Denkens rational hingewiesen werden: «Zeitlich geht die Beobachtung sogar dem

Denken voraus. Denn auch das Denken müssen wir erst durch Beobachtung kennenlernen.» (PhdFr 39) Das Denken «muß erst da sein, wenn wir es beobachten wollen.» (PhdFr 44) Aber das Wesentliche bleibt zum Meditieren aufgegeben.

11. Das Denken ist eine Tatsache; und über die Richtigkeit oder Falschheit einer solchen zu sprechen ist sinnlos.
(PhdFr 53)

12. Das Denken können wir durch es selbst erfassen.
(PhdFr 51)

Mit der Gegebenheit der Denkfähigkeit hängt seine Absolutheit zusammen. Diese kann zum Teil durch rationale Hinweise, mehr aber durch Meditationssätze angedeutet werden.

13. Denn in Subjekt und Objekt haben wir bereits Begriffe, die durch das Denken gebildet sind.
(PhdFr 52)

14. Das Denken ist somit ein Element, das mich über mein Selbst hinausführt und mit den Objekten verbindet. Aber es trennt mich zugleich von ihnen, indem es mich ihnen als Subjekt gegenüberstellt.
(PhdFr 60)

15. Unser Denken ist nicht individuell wie unser Empfinden und Fühlen. Es ist universell.
(PhdFr 90)

16. In dem Denken haben wir das Element gegeben, das unsere besondere Individualität mit dem Kosmos zu einem Ganzen zusammenschließt.
(PhdFr 91)

Wir finden in der *Philosophie der Freiheit* (S. 57) einen Satz, der uns über das Denken in Begriffen hinausführt:

> 17. *Es kann daher, was ich in bezug auf die in sich ruhende, durch nichts bestimmte Natur des Denkens gesagt habe, nicht einfach auf die Begriffe übertragen werden.*

Die Begriffe setzen das Denken voraus. das deutet auf ein Denken hin, das Begriffe erzeugt, selber aber, eben deswegen, ohne Begriffe verläuft. Wenn man fragt, was *diesem* Denken seine Richtung gibt, sein «Wie», kommt man zu dem verbliebenen Rest des erkennenden Fühlens, das im Kleinkindalter das Seelenleben noch beherrscht und die Wunder des Sprechen- und Denken-Lernens ermöglicht. Wahrheitsgefühl, Evidenzgefühl; Logozitätsgefühl wirken auch im Erwachsenen. Man weiß auch sofort, ob man etwas versteht oder nicht, und man weiß beides durch ein unmittelbares Fühlen. Beim Gefühl des Verstehens kann man sich irren, wohingegen man nie fehlgeht, wenn man fühlt: Ich verstehe nicht. Die Themen «erkennendes Fühlen» und «erkennendes Wollen» werden in Zusammenhang mit dem höheren Erkennen (4. Kapitel) behandelt. Im Fühlen, das kein Mich-Empfinden ist, liegt eine weitere, mit dem Erkennen verwandte Gestimmtheit des Menschen, die Gestimmtheit zum Guten.

Die ontologische Gegebenheit der Denkfähigkeit oder anders ausgedrückt: die Fähigkeit zu gedanklichen Intuitionen bildet die Grundlage des *erkennenden* menschlichen Wesens.

Die Gestimmtheit zum Verstehen im Werk des Thomas von Aquin

Die menschliche Urnatur und die geschaffene Welt sind von Anfang an aufeinander abgestimmt: Das ist die Grundlage, auf welcher Thomas von Aquin seine Menschenkunde und auch seine Weltkunde aufbaut. Diese Abgestimmtheit – wir werden im Kapitel über das Erkennen tiefer in sie eintauchen – beinhaltet selbstverständlich die Gestimmtheit des Menschen zum Verstehen und auch zum Guten. Die zwei Komponenten der Abgestimmtheit, die Dinge und die menschliche Seele, werden hier zunächst in ihrem Grundcharakter beschrieben.

Im Hinblick auf die Dinge ist für Thomas die mittelalterliche philosophische These maßgebend:

18. *Omne ens verum – Alles Seiende ist wahr.*

Der Satz ist für uns unverständlich, wenn wir das Prädikat «wahr» nicht in seinem damaligen, ursprünglichen Sinn verstehen. Sowohl das lateinische Wort v*erum*, *veritas* als auch das griechische *aletheia*[7] bedeutete nicht Stimmigkeit oder Richtigkeit, wie heute das Wort «Wahrheit», sondern Unverborgenheit, Sich-Offenbarendes, Sich-Aussagendes oder, von der anderen Seite gesehen: Verständlichkeit, Sinnhaltiges, Bedeutungsvolles, Textartigkeit. Nach dem Prolog des Johannes-Evangeliums könnte man den Satz des Thomas umformen: Alles Seiende ist Logos-gemacht, hat Bedeutung, ist Zeichen für eine Bedeutung, also denkbar, lesbar – wie die Schriftzeichen –, kein Zufallsgebilde. Für die von Menschen geschaffenen Gegenstände ist das leicht einzusehen, aber im Hinblick auf die Natur, auf die Schöpfung vertritt die Naturwissenschaft und damit der heutige durchschnittliche Weltbürger eine völlig andere Anschauung: Die Natur ist nicht textartig, die Naturdinge sind Zufallsgebilde oder sind durch natürliche Prozesse entstanden, die durch Gesetzmäßigkeiten geleitet waren und sind. Ihnen haftet keine Bedeutung an, sie sind keine Worte, keine Worthaftigkeiten eines Schöpfers.[8]

Das Lesen im Buch der Natur war zwar schon für Thomas nicht mehr ausführbar, jedoch wurzelte in ihm ein festes Wissen über die Worthaftigkeit des Geschaffenen, das heißt über die Wahrheit der Dinge.

Der zweite Pfeiler der thomistischen Weltschau betrifft die menschliche Geistseele. Diese ist auf Verstehen oder Erkennen gestimmt, indem sie nach der aristotelischen Auffassung (*De anima III)* die Eigenschaft hat, «auf irgendeine Weise alles zu werden» – «anima quoddammodo omnia».

19. *Die Seele ist irgendwie alles.*

Indem der Mensch etwas erkennt, wird seine Seele zu dem, was er erkennt. Der aristotelische Satz wird jedesmal zitiert, wenn Thomas über Wahrheit oder Erkennen schreibt.

Die zwei Säulen der Weltschau hängen aufs engste zusammen. Daß etwas *wahr* ist – im obigen Sinne – bedeutet, es ist bezogen auf eine innere Fähigkeit eines Ich-Wesens. Daß «*alles* Seiende wahr» ist, heißt, *alles* ist bezogen auf die erkennende Fähigkeit eines ichhaft Seienden. «Dieses aber kann nicht sein, außer es wird ein Wesen als wirklich angenommen, das darauf angelegt ist, übereinzukommen mit allem, was Sein hat: Das aber ist die Seele, welche in bestimmtem Sinne alles Seiende ist. In der Seele jedoch wohnt die Kraft des Erkennens und des Wollens. Die Übereinkunft also des Seienden mit dem Willen spricht der Name ‹gut› aus. Die Übereinkunft des Seienden mit dem erkennenden Geiste aber spricht der Name ‹wahr› aus.»[9] Nicht nur, daß jedes Ding wahr, das heißt sinnvoll und erkennbar ist, sondern «Ein jedes Ding ist so weit erkennbar, wie es Sein hat.»[10]

20. *Ein jedes Ding ist so wahr, wie es seiend ist.*

Die menschliche Seele ist auf die Ganzheit der Weltwirklichkeit bezogen und mit ihr verwandt. (Siehe T 1).

21. *Das Sein ist gewahrbar, der Geist ist gewahrend.*

In Meditationssatz 21 könnte – unter leichter Umgestaltung von Piepers Übersetzung – die Lehre des Thomas über die Gestimmtheit der Seele zum Erkennen zusammengefaßt werden.

Die Gestimmtheit zum Verstehen im Zen-Buddhismus

Im Werk Steiners besteht das Gegebene aus den Sinneswahrnehmungen – von vergangenen Erkenntnissen abgesehen –, die bewußtseinsmäßig, das heißt erkenntniswissenschaftlich gegeben sind; auf der anderen Seite ist die Fähigkeit des Denkens ontologisch, überbewußt – nicht erkenntnistheoretisch – gegeben. In der Sprache einer linguistischen Betrachtungsweise ist die Zeichenwelt von außen gegeben, und die Erkenntnisbemühung des Menschen besteht darin, daß er durch die ontologisch gegebene Fähigkeit des Denkens die Bedeutung der Zeichen sucht. Seine Denkfähigkeit urständet in einer Welt der Bedeutungen – geistige Welt der Urbilder, Rupa-Welt, niederes Devachan –, das macht die Suche überhaupt möglich.[11] Die Quelle der Erkenntnisfähigkeit ist aber das wahre Selbst in der übergeistigen Arupa-Welt. Bei Thomas von Aquin ist einerseits die sinneswahrnehmbare Schöpfung und andererseits der intellectus oder die anima intellectiva, die erkennende Geistseele – breiter an Erkenntniskraft als das intuitive Denken bei Steiner –, gegeben. Diese zwei Gegebenheiten sind durch die den Dingen innewohnende Wahrheit, das heißt ihren sich offenbarenden Sinn, und durch die Fähigkeit der anima intellectiva aufeinander bezogen und so zum Erkennen gestimmt.

Die Gegebenheit im Zen ist völlig anders gestaltet, weil das gewöhnliche Erkennen und damit auch die dem Alltagsbewußtsein gegebene Welt, die *Gegenstandswelt*, Objektwelt oder dualistische Welt an sich als Illusion aufgefaßt wird, dem Wesen nach aber als Ausfluß der einzigen *wirklichen* Gegebenheit, nämlich des Geistes (mind).

Diese Anschauungsweise hat Folgen. Erstens:

> 22. *Ist die Welt nicht-dualistisch gegeben, dann gibt es kein Erkennen; folglich auch keine Erkenntnisprobleme.*[12]

Zweitens: Die – niemals explizit beschriebene – Erkenntnislehre befaßt sich mit den höheren Erkenntnisebenen, die im heutigen Sinne *überbewußt* gegeben sind[13] und aus denen das alltägliche Erkennen als ihr abgeschwächter Schatten abstammt. Eine Theorie des Erkennens auf einer bestimmten Erkenntnisstufe kann in der Tat nur von einer höheren Warte aus gegeben werden,[14] so wie die «seelischen Beobachtungen» Steiners und auch die Ausführungen des Thomas von einer höheren Ebene stammen.[15]

Drittens: Da die Alltagswelt als Illusion und als Ausfluß des Geistes angesehen wird, gibt es für Zen-Meister nur eine Gegebenheit: die Buddha-Natur, die auch Selbst-Natur genannt wird und die an sich *leer* ist, weil sie sich in alle Formen, vorgefundene wie selbsterzeugte, hineinbegeben kann.

23. *Die Buddha-Natur ist leer.*

Die wahre Erkenntnisaufgabe besteht im Erkennen der Selbst-Natur, die durch Illusionen verdeckt ist, welche aber auch aus ihr stammen. So lesen wir in den Reden des Bodhidarma: «Die Fähigkeit des Geistes ist grenzenlos und seine Offenbarungen sind unerschöpflich. Formen zu sehen mit den Augen, Töne zu hören mit den Ohren, Düfte zu riechen mit der Nase, Geschmäcke zu empfinden mit der Zunge: jegliche Bewegung und jeglicher Zustand ist dein Geist.

24. *Wo Sprache nicht hinreicht, das ist dein Geist,*
in jedem Augenblick.» (B 23)

«Wenn du einmal mit deinem Karma aufhörst und

25. *Wenn du dein Gewahrsein (awareness) nährst,*
lösen sich alle die gebliebenen Anhaftungen auf.

Verstehen kommt naturgemäß. Du brauchst dich nicht anzustrengen.» (B 35)

Bankei, ein Zen-Meister aus dem 17. Jahrhundert, hat die Radikalität der ersten Meister bewahrt.[16] Hören wir ihm zu.

«Was ich das Ungeborene nenne, ist der Buddha-Geist. Dieser Buddha-Geist ist ungeboren, mit einer wunderbaren erleuchtenden Weisheit. In dem Ungeborenen fällt alles auf den richtigen Platz und bleibt in vollkommener Harmonie. Wenn du alles gemäß dem Ungeborenen tust, öffnet sich in dir das Auge, das alle so sieht, wie sie sind, und du weißt in deinem eigenen Geist, daß jeder, den du siehst, ein lebender Buddha ist.» (Bankei 52)

26. *«Keiner von euch war je getrennt von seinem Geist,*
ebenso wie keiner von euch eine unerleuchtete Person ist.

Jeder von euch ist mit dem Buddha-Geist geboren. Er ist euer Geburtsrecht.» (Bankei 66)

> 27. *Du bist ungeboren von Anfang an. Es ist nicht notwendig, der Ungeborene zu werden.*
> *(Siehe auch T 2, S. 97)*

Erkenntniswissenschaft als die Betrachtung des Erkenntnisprozesses erfordert die Fähigkeit des Reflektierens, die Fähigkeit, auf das Bewußtsein, auf seine Funktionen und Vorgänge zu schauen. Schon die ersten Sätze der Blutstrom-Predigt des Bodhidarma sind, unter diesem Aspekt gesehen, unerhört modern:

«Alles was in den drei Bereichen (des Begehrens, der Form und der Formfreiheit) erscheint, kommt aus deinem Geist. Daher lehren die Buddhas der Vergangenheit und der Zukunft von Geist zu Geist, ohne sich um Definitionen zu kümmern.

Frage: Aber wenn sie ihn nicht definieren, was verstehen sie unter ‹Geist›?

Du fragst. Das ist dein Geist. Ich antworte. Das ist mein Geist. Wie könnte ich antworten, wenn ich keinen Geist hätte? Wie könntest du fragen, wenn du keinen Geist hättest?»

Obwohl hier auf radikale Weise über den eigenen Geist reflektiert wird, tauchen Erkenntnisfragen in bezug auf die Alltagswelt und Alltagserfahrung nicht auf. Das hat zwei Gründe. Erstens und hauptsächlich: Die Reflexion ist hier nicht dieselbe wie etwa im Europa des 19. Jahrhunderts, das heißt abstrakt und auf die Vergangenheit des Bewußtseins gerichtet. Diese Reflexion ist nicht spekulativer Art, sondern gründet in der *Erfahrung*. Diese zeigt – und das ist der zweite Grund –, daß das, was wir Alltagswelt nennen, Ergebnis und Ausfluß des Geistes – Buddha-Natur, Selbst-Natur, Prajna, Gegenwärtigkeit – ist und daß das Selbst in seiner Leerheit – nicht dies und das seiend im Erkennen – identisch ist mit der ganzen Welt. (Siehe dazu auch die späteren Kapitel über Erkennen, Selbst und Leerheit.)

2. Die Gestimmtheit zum Guten

Wie Verstehen und Erkennen kann auch «gut» oder «das Gute» weder definiert noch erklärt werden – ein gemeinsamer Zug aller grundlegenden Worte der Sprache. Da aber das Gute – und das Böse – mit dem menschlichen Erkennen und Willen praktisch zu tun hat, muß das Menschenwesen zu dieser Idee gestimmt sein – sonst würde man schon das Wort nicht verstehen. Erkennen gehört zum Guten – und Bösen –, da man, um das Gute zu tun, es erst erkennen muß. Der Wille gehört zum Guten, denn mit dem Erkennen ist es noch nicht getan. Die entsprechenden Seelenfunktionen, nämlich die unentbehrliche Aufmerksamkeit im Erkennen und die den Willen zum Guten bewegende Liebe sind miteinander verflochten und verwandt. Wenn die Aufmerksamkeit wächst, wird sie zur Hingabe und dann zur Liebe.

Alle drei Lehren, deren Inhalte hier behandelt werden, unterscheiden explizit oder implizit zwei Arten der Liebe.[17] Die *erste* Liebe ist natürlich und hat als Objekt ein Gegebenes (Mutterliebe, Geschlechtsliebe), die *zweite* ist die Liebe zu einem Objekt, das noch nicht existiert und durch diese Liebe in die Existenz geschaffen – geliebt wird. Im Erkennen (wenigstens der Sinneswelt)[18] lebt die erste Liebe, in allen Schöpfungen des Menschen (und Gottes) die zweite.

Ist die *Rede* von dem Guten und Bösen (und vom Erkennen), dann hat der Redende Distanz von diesen Objekten seines Bewußtseins, und daher kann es sich nur um die zweite Liebe handeln, denn die erste hat keine Fragen, zum Fragen gehört Reflexion[19]: Sie ist durch die Trennung von der Welt (Sinneswelt und geistige Welt) entstanden als Versuch, die Wunde des Getrenntseins zu heilen, weitgehend ohne Reflexion. Die zweite Liebe aber setzt schon Reflexion voraus, sie gehört zur Freiheitsmöglichkeit des Menschen, und durch die Reflexionsfähigkeit weiß der Mensch vom Guten und Bösen. Diese Fähigkeit war auch in den Meistern des Zen von Anfang an vorhanden – der Geist, nämlich die Geistseele des Menschen, war für sie nicht nur Folgerung, sondern Erfahrung.

Die Gestimmtheit zum Guten in der Anthroposophie

Die menschliche Freiheitsmöglichkeit, die schöpferische Handlung, wird im Hinblick auf unsere Zeit von Steiner im zweiten Teil seiner *Philosophie der Freiheit* behandelt. Da im Erwachsenen der Impuls zum Guten durch seine Egoität überdeckt und mit ihr vermischt ist, spielen im Handeln beide Faktoren eine Rolle. Die allgemeine Meinung sieht meistens nur das Egoistische, Unsoziale, das menschliche Triebwesen als Quelle der Handlungsimpulse. Daher muß der Autor das Schöpferische von den anderen auf ihm lagernden Schichten des Seelischen gleichsam befreien. So lesen wir im XIII. Kapitel (S. 231f.): «Der Mensch braucht durch die Philosophie nicht erst umgekrempelt zu werden, er braucht seine Natur nicht erst abzuwerfen, um sittlich zu sein. Sittlichkeit liegt in dem Streben nach einem als berechtigt erkannten Ziel: ihm zu folgen, liegt im Menschenwesen, solange eine damit verknüpfte Unlust die Begierde danach nicht lähmt. Und dieses ist das Wesen alles wirklichen Wollens. Die Ethik beruht nicht auf der Ausrottung alles Strebens nach Lust, damit bleichsüchtige abstrakte

Ideen ihre Herrschaft da aufschlagen können, wo ihnen keine starke Sehnsucht nach Lebensgenuß entgegensteht, sondern auf dem *starken*, von ideeller Intuition getragenen *Wollen*, das sein Ziel erreicht, auch wenn der Weg dazu ein dornenvoller ist.» (Siehe Fortsetzung des Zitats in T 3, S. 98.)

> 28. *Für den harmonisch entwickelten Menschen sind die sogenannten Ideen des Guten nicht außerhalb, sondern innerhalb des Kreises seines Wesens. (PhdFr., XIII. Kap.)*

Die «erste» Liebe wird im späteren Werk Steiners mehrfach beschrieben. Ein Beispiel: «Die fünfte Stufe (der Rosenkreuzer-Einweihung) ist die Erlernung der Entsprechung von Mikrokosmos und Makrokosmos. Es gibt ein gewisses Band zwischen den Menschen und allen Dingen der Welt um ihn her. Bei dem gewöhnlichen Menschen kommt das nur heraus in der Liebe zwischen den Geschlechtern ...»[20]

Die schöpferische Liebe wird folgendermaßen dargestellt: «Die Menschenseele wird gewahr, daß, wenn nur die Natur und die Geschichte mit den menschlichen Bedürfnisbefriedigungen ablaufen würde, das Leben öde und kahl wäre. Der Mensch schafft über den Naturlauf und über den Bedürfnislauf hinaus etwas hier im physischen Dasein.»[21]

Die moralische Intuition, schon im prophetischen Teil des Alten Testaments (z. B. Jeremias 31, 31) als Zukunftsbild erwähnt, als Quelle der moralischen (schöpferischen) Handlungen, könnte, wenn sie nur subjektiver Herkunft wäre, die Individuen in Konflikte verwickeln – das wäre eine berechtigte Sorge, wenn beide Arten der Intuition, die erkennende und die moralische, nicht in derselben Quelle ihren Ursprung hätten. Diese Quelle kann man den *Logos* nennen; so nennt Steiner manchmal die gesamte geistige Welt (siehe T4, S.99). Im IX. Kapitel der *Philosophie der Freiheit* wird sie Ideenwelt genannt: «Der Unterschied zwischen mir und meinem Mitmenschen liegt durchaus nicht darin, daß wir in zwei ganz verschiedenen Geisteswelten leben, sondern daß er aus der uns gemeinsamen Ideenwelt andere Intuitionen empfängt als ich … Wenn wir beide wirklich aus der Idee schöpfen und keinen äußeren (physischen oder geistigen) Antrieben folgen, so können wir uns nur in dem gleichen Streben, in denselben Intentionen begegnen. Ein sittliches Mißverstehen, ein Aufeinanderprallen ist bei sittlich *freien* Menschen ausgeschlossen …

> 29. *Der Freie lebt in dem Vertrauen darauf, daß der andere Freie mit ihm einer geistigen Welt angehört und sich in seinen Intentionen mit ihm begegnen wird.»*

Wenn die Idee des Karma Bestandteil einer Lehre ist, dann ist ihre Welt auf das Gute gerichtet, sonst hat der Begriff «karmischer Ausgleich» keinen Sinn. So finden wir in Steiners *Theosophie*, im Kapitel «Wiederverkörperung des Geistes und Schicksal» (S. 78): «Während des Lebens ist der Geist … mit der Seele verbunden. Diese empfängt von ihm die Gabe, in dem Wahren und Guten zu leben … Das Geistselbst bringt dem ‹Ich› aus der Welt des Geistes die ewigen Gesetze des Wahren und Guten. Diese verknüpfen sich durch die Bewußtseinsseele mit den Erlebnissen des seelischen Eigenlebens.»

> 30. *Während des Lebens ist der Geist mit der Seele verbunden.*

Die schöpferische Liebe ist dem Menschen nicht fremd und stellt auch keine Besonderheit dar. Ein jeder hat die Fähigkeit und damit auch die Notwendigkeit zum Schaffen. Sie entsteht aus der Metamorphose der ersten Liebe, die im Menschen auch als Erkenntnistrieb erscheint (PhdFr., II. Kap.).

> 31. *«Geistige Erkenntnis wandelt sich durch das, was sie ist, in Liebe um.» (Geheimwissenschaft 416)*

Es sei erwähnt, daß die allgemeine Offenheit, Empfänglichkeit des Kleinkindes, die sich später in Liebe verwandelt, erst ungefähr im dritten Lebensjahr durch die Bildung der Egoität beeinträchtigt wird.

Die Gestimmtheit zum Guten bei Thomas von Aquin

Das Thema der ersten und zweiten Liebe finden wir in der Seelenlehre Dantes[22] dargestellt und diese Lehre stammt, wie fast alles bei Dante, von Thomas von Aquin.

> 32. *«Die Seele, die geschaffen, schnell zu lieben.»*
> *(Purgatorio, XVIII. 19)*

Dieselbe Auffassung spiegelt sich theologisch-philosophisch in Thomas' Lehre von der theoretischen und der praktischen Vernunft. Diese sind ein und dieselbe Fähigkeit der Geistseele. Die theoretische Vernunft (intellectus speculativus) dient dem Erkennen der Dinge, die praktische (intellectus practicus) «ordnet die erkannte Wahrheit auf das Tun hin».[23] Die theoretische Vernunft wird durch «Ausweitung» (per extensionem) zur praktischen. In unserer heutigen Sprache: Erkennen wird, wenn sich die einzelnen Erkenntnisse zu entsprechenden Fähigkeiten auflösen – formfreie Kräfte werden –, zur schöpferischen Liebe. Erkennen und das Gute tun sind bei Thomas wie bei Steiner auf eine gemeinsame Wurzel zurückzuführen.

Die Grundgestimmtheit zum Guten wird bei Thomas durch

eine Komponente der Geistseele beschrieben, die den Namen *synderesis* trägt, welchen man mit «Urgewissen» übersetzen kann. Das Urgewissen ist die Bewegungskraft des Menschen zum Guten überhaupt. Es ist untrüglich, irrt niemals, ist unzerstörbar, angeboren, eine naturhafte «Haltung» (habitus), es enthält auf natürliche Weise das ethische Grundgesetz. Die *synderesis* ist die durch eine spezifische Situation noch nicht bestimmte Grundneigung des Menschen, das Gute zu tun. Zum konkreten Tun führt ein langer Weg; Thomas unterscheidet im Ganzen etwa zwölf Stufen bis zum praktischen Tun.[24] Das Urgewissen hat Willenscharakter, und seine «Parole» könnte lauten: «bonum faciendum est» – «das Gute soll getan werden». Das «Situationsgewissen» – *conscientia»* – ist schon durch und durch vom Erkennen der Gegebenheiten geführt und bestimmt. Die Wirkung des Urgewissens hängt aufs engste mit dem Begriff des Guten zusammen. «Das oberste Prinzip der praktischen Vernunft gründet sich auf den Begriff des Guten, welcher ist: Das Gute ist das, wonach alles strebt.»[25] Die naturhafte Liebe zum Guten wird «natürliches Gesetz» genannt, das ist der Inhalt des Urgewissens. «Die Ordnung des natürlichen Gesetzes folgt der Ordnung der natürlichen Wesensneigungen.»[26] Die «Wesensneigungen» liegen in den Dingen, in den Situationen, und das Urgewissen oder die natürliche Liebe fügt sich im Tun diesen Neigungen. An und für sich bliebe das Urgewissen bei der allgemeinen Forderung:

33. «*Das Gute soll sein, soll geschehen.*»

Was im gegebenen Fall das Gute ist, geht aus der Erkenntnisbewegung des Geistes hervor und ebenso die Weise der Ausführung.

Die Wesensneigung der Dinge aber, das, wonach alles strebt, ist ihre Vollkommenheit.

34. «*Alle Wesen erstreben ihre Vollkommenheit.*»[27]

Die Kreatur ist von ihrer Vollkommenheit mehr oder weniger weit entfernt, sie ist im Werden begriffen, keimhaft in ihrem Sosein (nicht im buddhistischen Sinn) und bewegt sich in die Richtung der Vollkommenheit.

35. *«Jedes Wesen ist so gut, wie es seiend ist.»*[28]

Das Gute ist, worauf sich das Wirkliche zubewegt. Das Urgewissen hat demnach den allgemeinen Inhalt: Worauf sich das Wirkliche wesenhaft zubewegt, darauf soll es sich zubewegen.

Man sieht hier das Gute als Grundkraft im Menschen wie in der Welt wirken. So unglaublich es heute scheint: Das Gute ist in der Welt und im Menschen verankert. (Siehe dazu auch das 7. Kapitel.)

Die Gestimmtheit zum Guten im Zen-Buddhismus

Dem Menschen, der in der westlichen Kulturwelt erzogen worden ist, fällt es schwer zu verstehen, daß im ursprünglichen Zen die absolute Leerheit das Gute ist, die Freiheit von Formen, das heißt von Dingen, Gedanken, Urteilen, Emotionen und Willenszielen. Eingehender werden wir diese Lehre im 6. Kapitel (S. 86 ff.) betrachten. Diese Haltung scheint eine moralische Indifferenz zu spiegeln, die auch in den Aussagen des Bodhidarma zu finden ist.

36. *«Ein Buddha tut nichts Gutes oder Böses.» (B 17)*

«Dieser Geist ist weder rein noch unrein, weder gut noch böse, weder vergangen noch zukünftig.» (B 21) Doch wird der ursprüngliche Geist (englisch: mind), die Buddha-Natur oder Selbst-Natur des Menschen, als von Anbeginn gut beschrieben. Bodhidarma zitiert die Nirvana-Sutra (B 79): «Unsere Buddha-Natur ist Gewahrsein (awareness), ist achtsam (aware) zu sein und andere achtsam zu machen. Gewahrsein zu verwirklichen ist Befreiung.» Er fährt fort:

37. «*Die Wurzel alles Guten ist Gewahrsein.*

Aus dieser Wurzel des Gewahrseins wächst der Baum aller Tugenden und seine Frucht: Nirvana. Den Geist zu sehen ist Verstehen.»

Das Bestreben ist, das Rad der Wiedergeburten verlassen zu können, um dann, nicht aus Zwang, sondern aus freiem Willen in das irdische Leben zurückzukehren, den Menschen zur Hilfe. Der Mensch wird im Rad gehalten durch die drei Gifte: Irrtum (Illusion), Begehren und Zorn oder Haß. Diese entstehen aus derselben Wurzel wie die Tugenden. «Wer das Große Fahrzeug (Mahayana) besteigt, verläßt die drei Reiche. Diese sind Gier, Zorn (Haß) und Selbsttäuschung.»[29] «Die drei Reiche zu verlassen bedeutet von Begierde, Zorn und Irrtum zurückzukehren zu Moralität, Meditation und Weisheit. Begierde, Zorn und Selbsttäuschung haben keine eigene Natur (Existenz). Wer der Selbstbetrachtung fähig ist, sieht ein, daß die Natur von Gier, Wut und Täuschung die Buddha-Natur ist. Jenseits von Gier, Wut und Täuschung gibt es keine Buddha-Natur. Die Sutras lehren: Buddhas sind nur zu Buddhas geworden, indem sie mit den drei Giften lebten und sich mit dem reinen Dharma nährten. Die drei Gifte sind Begierde, Haß und Täuschung.»

Die ursprüngliche Natur, formfrei, leer, wird zu Formen, wie die an sich formfreie Fähigkeit des Denkens sich zu Gedanken gestaltet. Bankei sagt (S. 34): «Aber durch die Ungeborenheit und die wunderbar erleuchtende Kraft, die dem Buddha-Geist eigen ist, spiegelt dieser bereits alle Dinge, die vorbeiziehen, zurück und verwandelt sich in sie, so wird der Buddha-Geist zu Gedanken.»

38. *Der formfreie Buddha-Geist wird zu Formen.*

Aber das Haften, die Süchtigkeiten entstehen auch aus der ursprünglichen Natur und verleihen *diesen* Formen Dauer und sogar Irreversibilität.[30] Bodhidarma sagt (B 63): «Wenn die drei Gifte im Bewußtsein anwesend sind, leben wir in einem beschmutzten Land. Sind die drei Gifte nicht im Bewußtsein, so leben wir in einem reinen Land. Die Sutras lehren: In einem Land voller Unreinheit und Schmutz erscheint nie ein Buddha.»

Die drei Gifte bewirken – durch die Reinkarnation, zu der sie führen – die Sterblichkeit. Diese ist auch nichts anderes als veränderte Buddha-Natur. Bodhidarma (B 67): «Sterblichkeit und Buddhaschaft sind wie Wasser und Eis. Wer von den drei Giften befallen ist, wird sterblich ... Was im Winter zu Eis friert, schmilzt im Sommer zu Wasser. Wirfst du das Eis weg, wirst du kein Wasser mehr haben.

39. *Behebst du die Sterblichkeit, gibt es auch keine Buddhaschaft mehr.»*

Der Ausweg aus der Gefangenschaft der drei Gifte, der Wiedergeburt, der Hölle – zu der das Erdenleben durch die Wirkung der Gifte werden kann – ist einzig das Sehen, Gewahrwerden des eigenen Geistes, der Buddha-Natur, das Werden zum wahren Selbst. Bodhidarma (B 83):

40. *«Begierde entspricht dem Reich der Wünsche,*
Wut dem Reich der Formen, Täuschung
dem formfreien Reich.

Buddha entfloh diesen Reichen:

41. *Buddha entfloh durch Moralität dem Gift der Begierde, durch Meditation dem Gift der Wut, durch Weisheit dem Gift der Täuschung.»*

Der Geist, der Buddha-Keim ist in jedem Menschen: *Das zu erfahren* ist der Weg oder Ausweg zum Bodhisattva-Sein, zur Verwirklichung des Menschen, wofür wir auf Erden sind. Bodhidarma (B 111):

«Der Geist ist die Quelle aller Tugenden. Und derselbe ist der Beherrscher aller Kräfte. Die ewige Seligkeit des Nirvana entspringt dem ruhenden Geist. Die Wiedergeburt in die drei Reiche entspringt auch dem Geist. Der Geist ist das Tor zu allen Welten, und der Geist ist die Furt zum anderen Ufer.

> 42. *Die wissen, wo das Tor ist, sind nicht in Sorge, es zu erreichen. Die wissen, wo die Furt ist, sind nicht in Sorge, sie zu durchwaten.*»

Die grundlegende Übung ist die Selbsterfahrung der Aufmerksamkeit oder Bewußtheit.[31]

Bodhidarma (B 113): «Wenn du einfach das innere Licht des Geistes konzentrieren und sein Strahlen nach außen sehen kannst, löst du die drei Gifte auf und vertreibst die sechs Diebe (Sinneswahrnehmungen als Wirklichkeit aufgefaßt, durch die sechs Sinne) ein für allemal. Und ohne Anstrengung kommst du in den Besitz von unendlichen Tugenden, Vollkommenheiten und Toren zur Wahrheit. Das Weltliche zu durchschauen und das Erhabene zu gewahren ist weniger als einen Augenblick entfernt. Dieses Erkennen ist jetzt.»

3. Das Erkennen

Jegliche Erkenntnislehre, die als Ausgangspunkt das Nicht-Erkennen wählt, es als natürliche Gegebenheit voraussetzt, ist in einer hoffnungslosen Lage. Nur eine Erkenntnislehre, die von einem Erkennen, und zwar von einem vollkommenen Erkennen ausgeht, kann das unvollkommene Erkennen verstehen und verständlich machen.

> 43. *Das Licht kann nicht aus der Finsternis abgeleitet werden, weil es nicht aus ihr stammt.*

Das Erkennen aus dem Nicht-Erkennen wie das Höhere aus dem Niedrigeren abzuleiten, ist unmöglich.

Erkenntniswissenschaft setzt Reflexion voraus, und die Tiefe oder Konsequenz der Reflexion wird bestimmen, wie weit die Erkenntnistheorie den obigen Grundsatz gewahr wird. Aus diesem Grund wurden in den ersten zwei Kapiteln die Gestimmtheiten des Menschen untersucht. Die Fähigkeit zum Verstehen muß in jeder sogenannten evolutionistischen Erkenntnislehre ohnehin vorausgesetzt werden. Die nicht-vererbten, spezifisch menschlichen Fähigkeiten, die am Kleinkind leicht beobachtet werden können, widersprechen jeder Theorie, die das Erkennen von untenher, z.B. aus dem Biologischen oder aus einer Lebensnotwendigkeit heraus erklären möchte.[32] Menschheitlich gesehen ist dieser Widerspruch in den Erkenntnisleistungen der archaischen Menschen anschaubar, die ohne analytische Naturwissenschaft medizinische, bauliche, metallurgische oder chemische keramische Techniken entwickeln konnten, ohne je Spuren einer Verfahrensweise nach «Versuch und Irrtum» zu hinterlassen.

Der Mensch lebte im ursprünglichen Zustand in einer lichten Welt, in einer Art von Erkennen – sehr verschieden von dem heutigen – im Sinne einer Ungetrenntheit oder Identität mit der (geistigen oder Bedeutungs-)Welt. Dies ist ebenso Bestandteil aller Traditionen wie auch eine Art «Sündenfall», mit dem das Ausscheiden aus dem Urzustand begonnen hat.

Um zu einem provisorischen, unechten Selbstbewußtsein zu kommen, muß er sich aus der Einheit der Bedeutungswelt heraustrennen; von dem egoistischen Ersatz-Ichbewußtsein aus könnte er den «Weg» zum wahren Selbst finden und betreten.

Das heutige alltägliche oder wissenschaftliche Erkennen ist eine abgeschwächte und teilweise verzerrte Form dessen, was «höheres Erkennen» heißt.

44. *Aus Nicht-Erkennen wird nie Erkennen.*

45. *Das Positive ist immer das Primäre.*

Das Erkennen in der Anthroposophie

Steiner hat in *Wahrheit und Wissenschaft* am konsequentesten eine voraussetzungslose Erkenntnistheorie skizziert, die die Erkenntnisfrage im Hinblick auf die Sinneswelt zu klären versucht. Voraussetzungslosigkeit bedeutet hier, daß im Aufbau der Klärung kein *Ergebnis* eines Erkennens als Ausgangspunkt verwendet wird, sondern lediglich reine Beobachtungen. Ihre Ergebnisse führen zu den Quellen des alltäglichen Erkennens, die *gegeben* sind: die

Wahrnehmungselemente, das heißt Sinneseindrücke, und das Denken. Die ersteren sind erkenntniswissenschaftlich, das zweite ist ontologisch gegeben. Damit ist auch die einfachste Erkenntnis mit den überbewußten Quellen des Bewußtseins, mit der Urerkenntnis verknüpft.

Dieses Modell – Erkennen als Verknüpfung einer Wahrnehmung mit einem Begriff – ist jedoch einzig in bezug auf menschengeschaffene Dinge gültig, da nur sie dem alltäglichen Erkennen zugänglich sind. Auf diesem Gebiet wird Begrifflichkeit auf die Intuition, das heißt ihre vorbewußte oder überbewußte Quelle zurückgeführt, während das für die Wahrnehmung Gegebene bei der Befreiung von den Begrifflichkeiten seine Struktur völlig verliert: Es «bleibt» (im Gedankenversuch) ein ungegliedertes, auch keine Einzelheiten enthaltendes «Bild».

Schon im künstlerischen Erkennen verschwindet die Zweitaktigkeit, im Wahrnehmen ist schon der (nicht-gedankliche) Sinn, die Bedeutung für das ästhetisch erkennende Fühlen enthalten; die Bedeutung wird nicht erst zur Wahrnehmung hinzugefügt. Die Erkenntnis der Natur (des nicht von Menschen Geschaffenen) gehört zum höheren Erkennen: Die Ideen, deren Zeichen wir als Naturwahrnehmung erfassen, sind für unsere heute gegebene Erkenntnisfähigkeit nicht begreifbar. So ist der Text Steiners zu verstehen: «Bevor du eigentlich die Rose angeschaut hast, ist schon etwas geschehen. Du siehst ja erst die Vorstellung, die Wahrnehmung, aber die Wahrnehmung hat sich erst gebildet. Darin steckt das Geistige, in dem Wahrnehmen; darin steckt die Erinnerung, die Erinnerung an ein Vordenken …

Nicht wahr, der Philosoph schaut die Rose an; dann philosophiert er durch Nachdenken. Derjenige, der hinter das Geheimnis der Rose kommen will, darf nicht nachdenken; da geschieht doch nichts. Sondern er schaut die Rose an und wird sich bewußt: Bevor sie ihm überhaupt zum sinnlichen Bewußtsein kommt, hat sich schon ein Prozeß abgespielt. Das erscheint ihm wie eine Erinnerung, die dem Anschauen vorangegangen ist. Dieses, daß sich uns etwas wie Erinnerung ergibt, wovon wir wissen: Das hast du getan, bevor du die sinnliche Anschauung gehabt hast, das ist in bezug auf die äußere Natur Vordenken, das unbewußt bleibt und das dann heraufgeholt wird wie eine Erinnerung: Das ist es, worauf es ankommt. Durch kein Nachdenken kommt man hinter die Geheimnisse der Natur, sondern durch Vordenken.»[33]

Was hier «Vordenken» genannt wird, ist, wenn es bewußt wird, höheres Erkennen, und dadurch allein wird die Schöpfung – die Natur – erkannt. Die Naturwissenschaft erkennt die äußeren Gesetzmäßigkeiten der Zeichenwelt.[34] Das Wesentlichste in bezug auf die Wahrnehmungserkenntnis ist die Idee, daß durch die Trennung zwischen Objekt und Subjekt Wahrnehmung und Denken aufeinander abgestimmt sind.[35] Wir werden dieser Ansicht bei Thomas von Aquin wieder begegnen. Man kann diese Idee in dem einfachen Satz zusammenfassen:

46. *Der Begriff gehört zum Ding.*

Die Rolle der Sinne und Sinnesorgane wird in einem anderen Vortrag beschrieben (siehe T 5, S. 99). Dort wird dargestellt, wie die Sinne das, was von außen an uns herankommt, herablähmen, abschwächen, damit wir es aufnehmen können, ähnlich, wie wir nur den zurückgespiegelten Sonnenglanz ertragen können, aber nicht direkt in die Sonne zu schauen vermögen.

47. *«Wir sind Sonnenwesen in unserem innersten Menschen, aber wir können es jetzt noch nicht ertragen, Sonnenwesen zu sein.»*

48. «*Wahrheit ist eine Eigentümlichkeit des Seins, die ganz allgemein jedem Seienden zukommt.*» (Ver. I.1.)

«Zu sein und wahr zu sein heißt dasselbe.» (Ver. I. 10.)

«Jedes Ding ist wahr, und kein Ding ist falsch.» (Ver. I. 10.)

Im 1. Kapitel (S. 26 f.) wurde dieser Pfeiler der thomistischen Weltsicht schon berührt. Der andere Pfeiler ist die Fähigkeit des intellectus, jeglichen Gedanken, Begriff, jegliche Universalia zu erfassen. Das ist dadurch möglich, daß der intellectus zum erfaßten Inhalt, mit ihm identisch wird: *Das ist* das Erfassen.

49. «*Im Erkennen werden der erkennende Geist und das erkannte Wirkliche eins.*» (C.G. 2, 59)

Das Erkennen als Identität des erkennenden Geistes mit dem Erkannten – diese Idee kann weit, mindestens bis Platon, zurückverfolgt werden. So zitiert Johannes Scotus Eriugena (9. Jh.) den Dionysius Areopagita (6. Jh.): «Das Erkennen der Dinge, die sind (existieren), ist die Dinge, die sind.» – «Cognitio eorum quae sunt, ea quae sunt, est.»

«Der erkennende Geist ist durchaus – das heißt: vollkommen – das erkannte Ding.» (Quol. 7,2) «Die Seele wird sozusagen umgestaltet in das Bild des Dinges.» (Nat. verb. int.) «Das Erkenntnisbild ist in bestimmtem Sinn das Wesen und die Natur des Wirklichen selbst, nicht gemäß dem natürlichen Sein, aber gemäß dem intelligiblen Sein» (Quol. 8,4) Joseph Pieper[36] kommentiert: «Das intelligible Sein eines Dinges ist das ‹natürliche› Sein desselben Dinges, sofern dieses wahr, das ist erkennbar, ist. Denn ‹das Wahre in den Dingen ist wesenhaft dasselbe wie das Sein› (I, 16,3).» Hier scheint die Wesensfrage der Wirklichkeit überhaupt auf. Nimmt man den zuletzt zitierten Satz ernst, so könnte von einem Objektivismus bei Thomas nicht gesprochen werden. Wir kommen auf dieses Problem später zurück.

Wie muß der intellectus beschaffen sein, wenn er mit allen Dingen identisch werden kann? Thomas' Antwort lautet: «Erkennende Wesen unterscheiden sich von nicht-erkennenden dadurch, daß die nicht-erkennenden nichts als ihre eigene Form haben.

50. *Das erkennende Wesen aber ist fähig, auch die Formen des anderen Wesens zu haben.*

Das Erkenntnisbild des Erkannten ist nämlich im Erkennenden. Daher ist es offensichtlich, daß die Natur des Nicht-Erkennenden mehr eingeschränkt und begrenzt ist. Die Natur der erkennenden Wesen aber verfügt über eine größere Breite und Ausdehnung. Darum sagt der Philosoph (Aristoteles), die Seele sei in bestimmter Weise alles.» (I, 14,1)

Wenn die Geistseele jegliche Form annehmen kann, hat sie selber keine bestimmte Form, und gerade das befähigt den Menschen, auch alle Ich-Wesen, zum Erkennen. In der Formfreiheit der erkennenden Geistseele treffen sich alle einigermaßen in die Tiefe der Wirklichkeit dringenden Anschauungen. Thomas beruft sich auf Aristoteles (*De anima*, III. 429 a. Siehe T 6, S. 100). Er selbst schreibt (I,14 2 ad 3): «Unser aufnehmendes Erkenntnisvermögen spielt in der Ordnung des Erkennbaren die gleiche Rolle wie in der Ordnung der Naturdinge die materia prima.» Pieper führt dazu aus: «Das bedeutet, unser erkennender Geist ist wie die materia prima am Ursprung der Schöpfung, substantielle Seinsmöglichkeit, bloßes Seinskönnen, reine Möglichkeit.»[37] Wieder Thomas (C.T. Kap. 88): «Der mögliche Verstand (intellectus possibilis – oben: «aufnehmendes Erkenntnisvermögen») steht natürlich in Möglichkeit zum Verstehbaren, insofern er in seiner Natur keinerlei bestimmte Form der sinnenfälligen Dinge besitzt, wie die Pupille zu allen Farben in Möglichkeit steht.»

51. *«Der Verstand hat keine Form.»*

Was heißt bei Thomas «Stoff» und wie ist dessen Beziehung zum Erkennen? Er sagt: «Der Stoff ist aber ein in Möglichkeit Seiendes …

52. *Das Freisein von Stoff ist die Ursache der Verständigkeit.*

Ein Zeichen dafür ist, daß die stofflichen Formen dadurch in Wirklichkeit (in actu, im Akt des Verstehens) verstehbar werden, daß sie vom Stoff und von den stofflichen Bedingungen befreit (abgezogen, abstrahiert) werden.» (C. T. Kap. 28) Die Beschreibung des Stoffes lautet: «Was aber in Möglichkeit zum Werden und Sein irgendeines Dinges steht, ist desselben Stoff, wie das Holz sich zum Schemel verhält.» (C. T. Kap. 99).

Die erkennende Geistseele ist unstofflich, formfrei und erkennt, «abstrahierend», das Allgemeine, die Universalia, welche selber unstofflich und bedeutungsartig sind. Im *Compendium Theologiae* (Kap. 79) lesen wir: «Der Verstand aber erkennt die Dinge auf unstoffliche Weise, auch jene, die in ihrer Natur stofflich sind, indem er die allgemeine Form von den einzelnen stofflichen Bedingungen abstrahiert. Also ist es unmöglich, daß sich das Erkenntnisbild des erkannten Dinges auf stoffliche Weise im Verstand befindet. Folglich wird es nicht in einem körperlichen Organ aufgenommen, denn jedes körperliche Organ ist stofflich.» Diese Klarheit kann man den heutigen Gehirnphysiologen und Bewußtseinswissenschaftlern nur wünschen. (Siehe auch T 7, S. 101.)

Die Formen, von denen hier die Rede ist, sind Begrifflichkeiten, Ideen, geistige Formen also, unstofflich und deswegen zeit- und raumlos. Nur diese Formen sind dem erkennenden Menschen zugänglich, denn «genau gesprochen, erkennen nämlich nicht die Sinne und die Geistseele, sondern der Mensch durch beide» (Ver. 2, 6 ad 3).

53. «Die Geistseele allein erkennt das Wesen der Dinge.»
(I, 57, 1 ad 2).

Dieses Wesen ist universell, die Universalia werden im stofflich-individualisierten Ding gesehen, die *Tischheit* in *diesem* Tisch: Jede Form, soweit sie eine solche ist, ist universal (Ver. 2,6), und das Individuelle zu erkennen ist für die Geistseele nicht möglich, wenigstens nicht erstlich und unmittelbar (Ver. 2,6). Mit den Universalien wird der erkennende Geist im Erkennen identisch. Diese Identität kann aber durch zwei Prozesse zustande kommen: Der Geist paßt sich an das objektiv vorgestellte und als objektiv vorausgesetzte Ding an, oder das «Ding» wird als Ergebnis der erfahrenen und mehr oder weniger unvollkommenen gegenseitigen Anpassung, nämlich der gottgewollten (vollkommenen) Form und des Menschengeistes betrachtet, in einer Art Intentionalität und Annäherung. Diese Prozesse werden von Thomas *conformatio* oder *adaequatio* genannt. Hier einige Stellen zur Intentionalität der Wirklichkeit. «Das Seiende kann nicht erkannt werden ohne das Wahre, weil das Seiende nicht erkannt werden kann ohne dieses: Daß es dem erkennenden Geist entspreche oder angeglichen sei (adaequetur).» (Ver. 1,1 ad 3.)

«Dadurch, daß etwas Teil hat am Sein, ist es darauf angelegt, dem erkennenden Geist angeglichen zu werden und demgemäß folgt hier der Begriff des Wahren.» (Ver. 1,1 ad 5.)

«Wahrheit wird von den Dingen ausgesagt, sofern sie dem göttlichen Geiste angeglichen sind und geeignet sind, sich dem menschlichen Geiste anzugleichen.» (Ver. 1,3.)

In dem im Hinblick auf die Wahrheit maßgebenden Werk finden wir in bezug auf die *adaequatio* zwei Ausdrucksweisen: Einerseits gleicht sich der menschliche Geist an, andererseits – wie aus den oben zitierten Stellen ersichtlich – gleicht sich das erkannte Ding an den menschlichen Geist an. Die Möglichkeit für beide Angleichungsarten stammt vom Geist Gottes. Er erkennt und schafft damit die Dinge ursprünglich vollkommen (siehe Kap. 7), der Mensch erkennt sie annähernd. Im folgenden Satz erscheint das Doppelantlitz vollständig: «Das Naturding ist zwischen zwei intellectus – nämlich dem göttlichen und dem menschlichen – konstituiert, und wahr wird es genannt wegen seiner Angeglichenheit an beide.» (Ver. 1,2.)

54. Das Seiende gleicht sich dem erkennenden Geiste an und wird so erkannt.

55. Das Seiende ist dem göttlichen Geiste angeglichen und eignet sich dadurch, dem Menschen angeglichen zu werden.

56. Das Naturding ist zwischen göttlichen und menschlichen intellectus gestellt.

Es können leicht eindeutige Aussagen bei Thomas gefunden werden,[38] die keinen Zweifel daran lassen, daß die Dinge objektiv genommen werden und der menschliche Geist sich an sie angleicht. Wie er sich ausdrückt, scheint von der Tiefe und Zielsetzung der aktuellen Betrachtung abhängig zu sein: Die Intentionalität der Erkenntnisse ist sicherlich die tiefere und anspruchsvollere Auffassung. Soweit das menschliche Erkennen reicht und wo es dem göttlichen Erkennen begegnet, da entsteht das Ding beziehungsweise wird das Ding erkannt, wie es sich für den Menschen manifestiert. Pieper führt noch weiter aus: «Wenn also unser erkennender Geist seinen Blick auf die Dinge richtet, so tritt er hierdurch nicht überhaupt erst zu ihnen in Beziehung. Sondern jene wechselseitige Bezogenheit von Sein und endlichem Geist ist schon *vor* aller tathaften Verwirklichung von Erkenntnis da.»[39]

57. Vor allem Erkennen stehen wir schon in Beziehung mit der Geistigkeit der Welt.

Wir können an das «Vordenken» bei Steiner erinnert werden (siehe oben, S. 44 f.). Im überbewußten Bereich ist die Identität mit den Universalien oder Archetypen oder Wahrheiten der Dinge stets da. Pieper fährt fort: «Nicht nur sind die Dinge von sich aus, ohne sein (des Menschen) Zutun, nämlich kraft ihres nicht vom Menschen geschaffenen Seins, auf den erkennenden Menschengeist bezogen: Auch der menschliche Geist selbst ist, und gleichfalls ohne sein Zutun, nämlich kraft seines eigenen, nicht von ihm selbst geschaffenen Seins, auf die Welt der Dinge ausgerichtet.»[40]

Die menschliche Erkenntniskraft ist nach Thomas im Prinzip uneingeschränkt, praktisch aber kennt der Aquinate ihre Grenzen genau.

> 58. *«Die geistige Seele hat, weil sie die Universalia erfassen kann, eine Kraft (Tugend) zum Unendlichen.»*
> *(I, 76,5)*

Thomas spricht ähnlich wie Steiner über die Ausdehnung des Geistes im Erkennen:

> 59. *«Unser erkennender Geist, wenn er etwas erkennt, dehnt sich aus ins Unendliche.»*
> *(C.G. I, 43)*

Demgegenüber: «Der Mensch hat in seiner naturhaften Erkenntnis nicht die Begriffe aller Naturdinge.» (I, 91,1)

Hier wird vielleicht auf die Entwicklung der Erkenntnismöglichkeit Bezug genommen, wie auch in dem berühmten Satz: «Unser Erkennen ist so sehr unzulänglich, daß kein Philosoph jemals völlig das Wesen einer einzigen Mücke gänzlich erkundschaften konnte.» (Symb. Apost.) Die Öffnung und Hoffnung steckt in der Vergangenheitsform des Prädikats. Mit Thomas' scheinbarem Agnostizismus werden wir uns noch im 7. Kapitel beschäftigen.

60. «Das geschehnishafte Wirklichsein (actualitas) des Dinges ist selbst irgendein Licht desselben.»

«Ipsa actualitas rei est quoddam lumen ipsius.» (De causis 1,6.) Dieses Licht ist die Erkennbarkeit, die logosgegebene Bedeutung des Dinges, derjenige Teil der Wahrheit (Offenbarkeit) des Dinges, den das Licht des Menschengeistes erfassen kann – deswegen die Einschränkung quoddam, das heißt irgendein Licht. Diese Einschränkung berührt sich mit der anderen auf der menschlichen Seite: anima *quoddamodo* omnia – die Seele wird *irgendwie,* in gewisser Weise alles, nicht gänzlich, sondern in dem Maße, wie sie selbst formfrei sein kann (siehe auch S. 27). Dem Bestreben, die ursprüngliche Formfreiheit wiederzugewinnen, begegnen wir in der Zen-Tradition.

Zusammenfassung:

1. Die Dinge sind logosgeschaffen, haben Bedeutung und offenbaren sie, sind wahr.
2. Die menschliche Geistseele ist relativ formfrei, gewissermaßen fähig, jegliche Form anzunehmen, worin das Erkennen der Form besteht.
3. Sowohl die Formen wie auch die erkennende Fähigkeit der Seele sind stofffrei.
4. Die erkennbaren Formen sind Universalia, allgemeine archetypische Ideen; das Individuelle an den Dingen stammt von der Stofflichkeit.
5. Die Wahrheit der Dinge und die menschliche Erkenntnisfähigkeit sind von vornherein aufeinander abgestimmt.

Das Erkennen im Zen-Buddhismus

Um den Standpunkt des ursprünglichen Zen zu verstehen, müssen wir erst die westliche Einstellung in bezug auf «Wirklichkeit» radikal überwinden. Für das westliche Bewußtsein ist das Wirkliche immer ein Etwas; gleichgültig, ob es sinnlich Wahrnehmbares oder ein Gedanke, eine Vorstellung, Phantasie ist – es ist ein Geformtes und Benennbares. Thomas von Aquin lehrt: Das Wirkliche muß ein Seiendes, ein Ding, eine Einheit, ein Unterschiedenes, Wahres (sein Wesen Offenbarendes) und Gutes (bezogen auf den wollend-liebenden Geist) sein, das heißt begrenzt, umrissen, von allem anderen abgetrennt.

Stellen wir in bezug auf eine bestimmte menschliche Fähigkeit, zum Beispiel das Zeichnen, die Frage, ob die Fähigkeit oder eine Zeichnung, das Produkt der Fähigkeit, *wirklicher* ist. Das Denken sagt etwas anderes als unser unmittelbares Empfinden: Letzteres erlebt eine fertige Zeichnung als wirklicher denn die Fähigkeit, durch die sie entstanden ist; das Denken urteilt wahrscheinlich umgekehrt. Die Fähigkeit ist gestaltlos, formfrei, ja *leer*, verglichen mit ihren Produkten. Daß unser Empfinden auf obige Weise fühlt, beruht größtenteils darauf, daß die Fähigkeit *als solche* nie Erfahrung wird. Die allgemeine erkennende Fähigkeit, die Bewußtheit oder Aufmerksamkeit, der Geist, wird aus demselben Grund als unwirklich empfunden wie jegliche andere Fähigkeit des Menschen. Nehmen wir an, es gäbe einen Weg, die Fähigkeiten, den eigenen Geist in seiner Formfreiheit zu *erfahren*. Das würde unser Urteilen über den Wirklichkeitswert völlig verändern: Wir würden den leeren Geist, die leere Aufmerksamkeit, noch ohne Objekt, als die intensivste Wirklichkeit *erfahren*, und jedes Objekt desselben als verminderte Realität. Das ist aber der Erfahrungsstandpunkt der Zen-Meister.

61. Das Erfahren der leeren Aufmerksamkeit ist die wahre Selbsterfahrung, das Selbst.

Von diesem Standpunkt aus gesehen, sind sogar Begriffe und Ideen, auch die Universalia an Sein, an Wirklichkeit abgeschwächt gegenüber der formfreien Bewußtheit. Sie entstehen, wo die ewig gegenwärtige Bewegung zu einem (vorläufigen) Halt kommt.

62. Begriffe, Formen entstehen, wo das Verstehen zum Stehen kommt.

Bodhidarma (B 23): «Für die unendliche Vielfalt der Formen ist der Geist verantwortlich. Seine Fähigkeit, Dinge zu unterscheiden, wie auch immer ihre Bewegung oder ihr Zustand ist, ist seine Bewußtheit. Der Geist aber hat keine Form und seine Bewußtheit keine Grenzen.» In der Wertschätzung der Meister ist die Buddha-Natur oder *dieser* Geist das Einzige, das zu erkennen sich lohnt. Die Lehre des Mahayana (des Großen Fahrzeugs) lautet:

63. «Dieser Geist ist der Buddha.» (B 41)

Die Gegenwärtigkeit wird oft betont (B 35): «Wenn Sterbliche einmal ihre eigene Natur sehen, dann endet alles Haften. Bewußtheit (Aufmerksamkeit) ist nicht verborgen. Aber du kannst sie nur eben jetzt finden. Sie ist nur jetzt.» «Dieser Geist» ist, wodurch Sie jetzt diese Zeilen lesen. Die Bewußtheit ist gewöhnlich verborgen, weil wir sie stets in ihrer vergangenen Form, zum Objekt geworden «erfahren» – eben *nicht* erfahren, wir erfahren ihr Objekt.

«Den Geist zu gebrauchen beim Suchen (Erforschen) der Realität ist Täuschung. Den Geist nicht zu gebrauchen im Suchen der Realität ist Gewahrsein. Sich von den Worten zu befreien ist Befreiung. Rein zu bleiben im Staub der Sinneseindrücke bedeutet das Dharma zu beachten.» (B 49)

Man kann so wahrnehmen, daß man das Wahrgenommene für

objektive Wirklichkeit hält; und man kann wahrnehmen, indem man erfahrend verfolgt, wie das Wahrnehmen und die Wahrnehmung aus dem Geist und durch ihn entstehen.

«Formen zu sehen, ohne aber von Formen verdorben zu werden, Klänge zu hören, ohne aber von Klängen verdorben zu werden – das ist Befreiung. Augen, die nicht an Formen haften, sind Tore des Zen. Ohren, die nicht an Klängen haften, sind Tore des Zen. Kurz gesagt: Diejenigen, welche die Existenz und die Natur der Phänomene wahrnehmen, ohne an ihnen haften zu bleiben, sind frei … Wenn du weißt, wie auf die Form zu schauen ist, wird der Geist durch die Form nicht erregt, und die Form wird durch den Geist nicht erregt. Formen und Geist bleiben rein.» (B 61)

64. Das Phänomen ist die Metamorphose der Bewußtheit.

Das Verhältnis des Bewußtseins und der Welt wird so geschildert: «Der Geist und die Welt sind Gegensätze. Eine Sicht entsteht, wo sie sich begegnen. Wenn der Geist sich innen nicht rührt, taucht außen keine Welt auf.

65. Wenn Welt und Geist beide durchsichtig werden, das ist die wahre Sicht.» (B 55)

66. Wenn die Bewußtheit erfahren wird, wird sie durchsichtig zum Objekt hin.

4. Das höhere Erkennen

Das alltägliche Erkennen kann als ein abgeschwächtes und kurz dauerndes höheres oder wirkliches Erkennen aufgefaßt werden – das mögen die vorangegangenen Kapitel gezeigt haben: Es ist in allen seinen Komponenten stofffrei (siehe 1. Kapitel). «Wirklich» wird das «höhere» Erkennen genannt, weil in diesem gerade jener Erkenntnis*prozeß erfahren* wird, der im gewöhnlichen Erkennen nicht erlebt wird; erlebt werden seine Ergebnisse. Der Prozeß verläuft im Alltagsleben überbewußt, seine Früchte fallen in das Bewußtsein. Die Ausdehnung der Bewußtheit nach oben, zu dem, was gewöhnlich überbewußt bleibt, ist der Weg des höheren Erkennens. In diesem wird jene Identität des menschlichen Geistes mit dem Erkannten *erlebt*, die im Alltag punktuell kurz aufleuchtet und deshalb nicht einmal geahnt wird. Aristoteles, Thomas von Aquin und die Zen-Meister haben diese Identität noch, vielleicht nur zeitweise, erlebt; sie konnten jedenfalls darüber berichten.

Das Erfahren der Identität setzt eine Ich-Erfahrung voraus, und jede Stufe[41] des höheren Erkennens muß mit einer Erhöhung des Selbstbewußtseins beginnen, sonst ist keiner da, der auf der höheren Stufe erkennen könnte.

Am höchsten greift im Hinblick auf diese Forderung die Zen-Lehre: Das Ziel ist die Buddha- oder Bodhisattva-Qualität, die völlige erlebte Identität mit der geistigen (oder Bedeutungs-)Welt. Ohne sich dessen bewußt zu sein, trägt jeder Mensch diese Identität (überbewußt) in sich. Diese nun *selbstbewußt* zu erfahren – nicht nur in ihr zu leben – war immer das Bestreben der göttergewollten Traditionen.

Das höhere Erkennen in der Anthroposophie

Höhere Erkenntnisse werden in der Anthroposophie durch kognitive Meditation erlangt. Die Schulung der Aufmerksamkeit[42] geht vom Denken und Vorstellen aus, die heute allein die autonomen – durch den bewußten Willen lenkbaren – und erkennenden Seelenfunktionen sind. Ganz wesentlich ist dabei die *aktive* Aufmerksamkeit, die auch ihr Thema hervorbringt (siehe 7. Kapitel).

Das Identisch-Werden mit dem Erkannten – oder das Erlangen der Bewußtheit von der immerwährenden Identität – wird von Steiner fast überall beschrieben, wo er höhere Erkenntnisprozesse schildert.[43]

67. Verwandlung in andere Wesenheiten ist das Leben in den übersinnlichen Welten.

Die Identität des erkennenden Prinzips im Menschen mit der Bedeutung der Dinge ist immer existent. Sie regelt sogar die Schicksalsangelegenheiten. Man kann in der *Theosophie* lesen: «Daß ich, wenn ich mich wieder verkörpere, eine Umwelt vorfinde, die dem Ergebnis meiner Taten aus dem vorhergehenden Leben entspricht, dafür sorgt die Verwandtschaft meines wieder verkörperten Geistes mit den Dingen der Umwelt.»[44]

An einer anderen Stelle desselben Buches lesen wir: «Was hier in Betracht kommt, das wird richtig nur derjenige anschauen, der bedenkt, wie alles Wissen von seelischen und geistigen Welten in den Untergründen der menschlichen Seele ruht. Man kann es durch den ‹Erkenntnispfad› heraufholen.» Die «Untergründe» sind identisch mit dem Überbewußten der Seele (siehe auch T 8, S. 101).

Wenn der Mensch die Ebene seines Bewußtseins erhöht, ist die erste höhere geistige Erfahrung die des Selbstes. Anstelle des üblichen Mich-Empfindens tritt eine Ich-bin-Erfahrung auf, bei jedem neuen Schritt aufwärts.

Jeder Gedanke, jede Wahrnehmung könnte im Menschen die Frage aufkommen lassen: *Wer* ist das Subjekt dieser Erfahrung? Die richtige Antwort wird durch das Mich-Empfinden[45] und durch die Schwäche des Zeugen verdeckt und verhindert, des Zeugen, durch den wir doch unmittelbar wissen, daß alles unsere Erfahrungen sind, auch dann, wenn das auf das Mich-Empfinden sich gründende Alltags-Ich in der Hingabe völlig «vergessen» wird. Um das Ich zu erfahren, muß die Aufmerksamkeit an Intensität wachsen.

68. *Der Mensch ist so groß wie die Welt.*

69. *«Wenn die innere Kraft des Denkens entwickelt wird, ohne daß die Denkkraft den äußeren Körper benutzt, dann werden wir eine Kenntnis des inneren Lebens erlangen, werden unser wahres Selbst erkennen, unser höheres Ich.»*
(1.5.1913, GA 152.)

Wir werden darauf aufmerksam gemacht, daß unser «inneres Leben», auch das Leben des Denkens, unbewußt (hier überbewußt) bleibt, wenn wir unser Bewußtsein nicht schulen. Auf das höhere Selbst weisen die nächsten Stellen hin:

70. *«Dadurch, daß man allmählich geradezu Welt wird, erfaßt man sich erst in seiner vollen menschlichen Innerlichkeit.»*
(16.11. 1923, GA 231)

Selbstlosigkeit, ohne das Selbst zu verlieren: das ist der Weg der Menschwerdung. Wenn man sich allmählich in das Erfassen der geistigen Erkenntnis hineinlebt, «da lernt man erkennen die Verwandtschaft der Wahrheit mit der Liebe, die Verwandtschaft der gesunden Erkenntnis mit der Selbstlosigkeit des Menschen, aber jener Selbstlosigkeit, die nicht das Selbst verliert, sondern indem sie sich entwickelt, das Selbst erst recht gewinnt.» (Vortrag vom 16.11.1923, GA 231; siehe auch T 8, S. 101).

Das Denken ist seinem Ursprung und Wesen nach intuitiv. Dieses Wort weist auf den überbewußten Zusammenhang hin, der das Denken mit dem Weltenwort, dem Logos, verbindet. Was wir heute nicht verstehen, erscheint als Wahrnehmung ebenso intuitiv wie das Denken. Beide, Wahrnehmung und Denken, stammen aus der Identität des Menschenwesens mit der geistigen Welt.

71. *Durch Selbstlosigkeit werde ich Selbst.*

72. *Wir erkennen durch unsere Identität mit dem Wesen der Welt.*

73. *«Die Wahrnehmung ist die Grenze ..., wo sich unsere Gedanken berühren mit den schaffenden Gedanken draußen.»*
(12. 10. 1905, GA 93a)

Wir werden an Thomas von Aquins Worte erinnert: «Das Naturding ist zwischen zwei intellectus konstituiert ...»

Das höhere Erkennen bei Thomas von Aquin

Steiner lebt in einer Zeit, in der das alltägliche Erkennen sich völlig von dem höheren Erkenntnisgebiet getrennt hat. Die Trennung wurde durch die Naturwissenschaft bewirkt, die die Natur nicht mehr als lesbaren Text, sondern als eine Wirklichkeit ohne

Sinn und Bedeutung auffaßt. Die drei Schritte im Erkennen: Beobachtung, Beschreibung und Deutung, das heißt Antwort auf die Frage: Was bedeutet das?, wie Aristoteles und nach ihm die Hochscholastik noch gedacht hatten, wurden – erstmals wahrscheinlich durch Galilei – auf die zwei ersten Schritte reduziert. Der letzte, der nach der Bedeutung der beobachteten und beschriebenen Phänomene gesucht hat, war meines Wissens Kepler: Er deutete die Planetenbahnen musikalisch, als Harmonien.

Das Entblößen der Naturdinge von ihrer «Bedeutung» wurde paradoxerweise eben durch Thomas von Aquin und seinen Lehrer Albertus Magnus initiiert. Sie wollten das Feuer als Feuer, das Wasser als Wasser sehen, und nicht bloß als Symbole irgendeiner geistig-göttlichen Wirklichkeit. Die «Deutung» der Phänomene war schon in eine Dekadenz gekommen, man deutete mehr der Tradition oder dem Rationalismus nach als nach höherer *Erfahrung*. Trotzdem war für Thomas keine Trennlinie zwischen alltäglichen und höheren Erkenntnissen, und die Natur war ihm im Prinzip Zeichenwelt der göttlichen Schöpfungstätigkeit, aber auch an sich in ihren Eigenschaften interessant. Außerdem erlebte Thomas *jegliches* Erkennen als rein geistiges Geschehen (siehe Kapitel 3, S. 46 ff.).

Im Jahre 1273 hatte Thomas seine heftigsten Dispute mit Siger von Brabant, der die These der zweifachen Wahrheit verfocht. Nach der letzten siegreichen Auseinandersetzung zog sich Thomas zurück, schrieb nicht mehr an der unvollendeten *Summa Theologiae* und sprach auch nicht mehr. Als sein Freund und Begleiter Reginald von Piperno ihn bat, sein gewohntes Leben wieder aufzunehmen, wieder zu schreiben, antwortete Thomas am 6. Dezember 1273, von der Feier des Meßopfers zurückkehrend: «Ich kann nicht mehr schreiben. Alles, was ich geschrieben habe, erscheint mir wie Stroh, verglichen mit dem, was ich geschaut habe und was mir geoffenbart worden ist.» Er hatte eine lange geistige Erfahrung, die schwerwiegendste neben früheren anderen. So ist die *Summa* Fragment geblieben, wie auch das Reginald gewidmete

Compendium Theologiae. Der zweite, kurz gebliebene Teil dieses Werkes handelt von der Hoffnung, wie auch sein Titel angibt. Der erste Teil ist über den Glauben. Der dritte Teil wäre über die Liebe gewesen.

«Der Glaube aber ist ein gewisses Vorauskosten jener Erkenntnis, die uns in der Zukunft selig machen wird» – so lautet der erste Halbsatz im 2. Kapitel des ersten Teils des *Compendium Theologiae.* Im zweiten Teil (1. Kapitel) steht: «Der Glaube ist nämlich eine unvollkommene Erkenntnis ...» *Die Hoffnung ist die Triebkraft, zu erkennen, was der Glaube vorauskostete.* Die Bewegung der Seele zu diesem Ziel würde heute höheres Erkennen heißen.

Die *Summa Theologiae* beginnt zwar mit scheinbar agnostischen Sätzen, wie «wir vermögen nicht zu wissen, was Gott ist, vielmehr nur, was er nicht ist» (I,3 Prolog), und wir finden auch andernorts ähnliche Aussagen.[46] Das alles aber bezieht sich auf die *gegebene* Erkenntnisfähigkeit, bei welcher die Hoffnung beginnt. Durch die Hoffnung können wir bis zur Gottesschau geführt werden. «Es ist gesagt, die Seele sei in bestimmtem Sinne alles Seiende, weil sie darauf angelegt ist, alles zu erkennen. Auf diese Weise ist es möglich, daß in einem einzigen Wesen die Vollkommenheit des gesamten Alls Dasein habe. So ist es, gemäß den Philosophen, die äußerste Vollendung, zu der die Seele gelangen kann: daß in ihr sich abzeichne die ganze Ordnung des Alls und seiner Ursachen. Darein haben sie auch das letzte Ziel des Menschen gesetzt, welches, nach unserer Meinung, in der Gottesschau erreicht sein wird, denn ‹was sehen jene nicht, die den sehen, der alles sieht.›» (Ver. 2,2). Auch in der *Summa* ist zu lesen: «Die Seele des Menschen wird in bestimmtem Sinn alles, gemäß den Sinnen und der geistigen Erkenntniskraft. Hierin nähern sich die mit Erkenntnis begabten Wesen in gewisser Weise der Ähnlichkeit mit Gott, in welchem alle Dinge sind, bevor sie Dasein gewinnen ...» (I, 80,1)

Eine Methode – das Wort ist ungenau, man könnte auch von einer «Errungenschaft» sprechen – der höheren Erkenntnis wird von Thomas Kontemplation genannt. Sie wird von ihm als die höchste und vollkommenste Glückseligkeit des Erdenmenschen beschrieben, nach der jedes Menschenwesen, aber auch die Engel «hungern». Ein natürlicher Trieb zur Glückseligkeit wird, wie in Platons *Symposion*, angenommen oder beobachtet. Davon sagt Thomas:

> 74. *«Das äußerste Glück (ultima felicitas) des Menschen liegt in der Kontemplation der Wahrheit.»*
> *(C. G. 3,37)*

Und ähnlich in der *Summa* (I, II, 3,4): «Das Wesen der Glückseligkeit besteht in einem Akt der geistigen Erkenntniskraft (intellectus).» Das ist zunächst für den heutigen Menschen kaum verständlich. Wir bauen die Zwischenstufen. «Wer alles hat, was er will, der ist glückselig dadurch, daß er hat, was er will.» (I,II, 3,4, ad 5) Das Haben aber geschieht durch etwas anderes als durch einen Willensakt. (ebd.) Dieses «andere» ist das Erkennen.

Nach Augustinus und Thomas ist das Erkennen die «vornehmste Weise des Habens», ja, eigentlich die einzige.

> 75. *«Haben ist nichts anderes als Erkennen.»*
> *(Augustinus, 83 Fragen 35,1)*

«Was sonst heißt glückselig zu sein, wenn nicht das: etwas Ewiges erkennend besitzen.» (ebd., 33,1) «Wie auch immer du dich bemühst, du mühst dich für dies: daß du sehest.» (Aug. *In Psalmos* 90,2). «Unser ganzer Lohn ist: Sehen» – «Tota nostra merces visio est.» (*Sermones* 302)

Das «Sehen» ist die Kontemplation. Warum dieses «Sehen» die effektivste Art von «Haben» ist, kann auf den Grundsatz der Erkenntnislehre – alles Seiende ist wahr – zurückgeführt werden. Zu sein heißt wahr zu sein, sich, das heißt: seine Bedeutung, zu offenbaren. Die Bedeutung zu verstehen, zu erkennen ist also das Haben des Seienden, das einzige Haben, das man haben kann, denn nur Bedeutung, das heißt lichtvolle Qualität, tritt in das Bewußtsein ein. Das Erkennen ist das wirklichste Haben.

76. *«Zu haben bedeutet zu wissen über das Haben» – ohne diese Erkenntnis haben wir nicht.*

Die Kontemplation ist nach Thomas ein intuitiver Akt, kein denkendes, sondern schauendes Erkennen. Sie geschieht nicht durch die *ratio*, sondern durch den *intellectus.* Diese unterscheiden sich «in der Art des Erkennens, indem intellectus durch einfache Intuition erkennt, die ratio aber im sich von einem zum anderen Bewegen» (I,59, 1 ad 1). Denken ist das Erkennen dessen, was abwesend ist; das Schauen ist das Erkennen dessen, was anwesend und gegenwärtig ist. Nach Thomas beruht die Gewißheit des Denkens auf dem, was intuitiv, durch Schauen einsichtig ist; das Denken ist Ersatz für die versagende Schaukraft (II, II, 49,5 ad 1). Es ist offensichtlich, daß die ratio (das Denken) eine mangelhafte Schaukraft (intellectus) ist. «Der Schauende hat gefunden, wonach der Denkende sucht.»[47] Die Kontemplation ist weder Beweisführung noch Glauben. «Das menschliche Glück besteht nicht in der Erkenntnis Gottes, die durch Beweisführung zu erreichen ist.» (C. G. 3,40). «Die Glaubenserkenntnis macht ihr Objekt dem intellectus nicht ganz gegenwärtig, weil der Glauben das Abwesende, nicht das Anwesende betrifft.» (ebenda) Durch die Kontemplation wird der Mensch der Anwesenheit Gottes unmittelbar und einfach inne. Im Augenblick hört die Zeit auf, alles ist jetzt. Zusammenfassend kann der Satz Joh. 17,3 erinnert werden:

77. *«Dies ist das ewige Leben, daß sie dich erkennen ...»*

Was im Hinblick auf die Glaubenswahrheiten als Agnostizismus erscheint, gehört zum Gebiet der «negativen Theologie», die von

Dionysius Areopagita herrührt. In dieser wird gezeigt, wie Gott durch keinen Gedanken, Begriff, kein Wort zu beschreiben ist. All dies aber bedeutet keine Unerkennbarkeit, sondern nur, daß das gewöhnliche Bewußtsein zu solcher Erkenntnis nicht geeignet ist. Ein Zen-Meister würde sagen:

78. *Was durch Denken nicht erfaßbar ist,*
kann durch Nicht-Denken erfahrbar sein.

Das Nicht-Denken kann erkennendes Fühlen oder erkennender Wille sein.[48] (Siehe auch T9, S. 103).

«Es bleibt also übrig, daß die vollkommene Seligkeit darin besteht, daß der Geist unmittelbar Gott erkennend und liebend anhängt.» (C. T. II, Kap. 9). Dieses ganze Kapitel bei Thomas leuchtet von Erkenntnishoffnung. Sie reicht bis zur Gottesschau: Und das wird die Schlußfeier sein in Dantes *Divina Comedia*, denn Dante folgte getreu den Lehren des Thomas.

Das höhere Erkennen im Zen-Buddhismus

Leben wir heute in einer Welt, in der sich das Erkennen auf die uns *gegebene*[49] Welt richtet, und sah Thomas von Aquin die göttliche und die sinnliche Welt noch als eine Einheit, so finden wir im Zen ein Weltbild, in welchem alle Dinge, wenn man sie nicht bis zu ihrer Wurzel in der Geistigkeit verfolgt, inklusive Worte, Begriffe, Ideen, als *Illusion* aufgefaßt werden.[50] Das Bestreben ist, die Finsternis, die unsere ursprünglich grenzenlos erkennende Natur verdeckt und unsere Täuschungen verursacht, aufzulösen.

Der Zen-Meister weiß, daß weder die Welt noch der Mensch

durch unser Denken zu erkennen sind. Eine der Methoden, das Denken zu zerbrechen und zwischen seinen Bruchstücken den Geist, die Bewußtheit selbst zu gewahren, sind die Koans – scheinbare Denkaufgaben, die aber durch Denken nicht zu lösen sind.

«Als der sechste Patriarch, Hui-neng von einem Mönch gefragt wurde, was Zen sei, antwortete er:

> 79. *Wenn dein Geist nicht im Zwiespalt von Gut und Böse weilt, was ist dann dein ursprüngliches Antlitz, bevor du geboren bist?»* (GB 144)

Was bleibt, *wer* bleibt, wenn der Geist sich aller seiner Inhalte entledigt? Wer dieses «Antlitz» erfährt, hat schon Erleuchtung erhalten. Wer es nicht erfahren hat, dem wird die Frage eine Hilfe zum Ziel. Zugleich ist jedes Koan ein praktischer Unterricht zum Gewahrwerden des Logos (wie wir heute sagen würden), indem auf eine Frage eine Antwort gegeben wird, die mit der Frage inhaltlich nichts zu tun hat. Man fragt nach dem Grundprinzip des Buddhismus und die Antwort ist:

> 80. *Der Zypressenbaum im Hof.* (GB 147)

Es ist belanglos, *was* gesprochen wird. *Daß* geredet wird, ist zu erfahren, unbeeinflußt und unverdeckt vom Inhalt. Denn darin lebt das Tao, der Logos.

Da sich Zen ursprünglich nicht viel für die materielle Welt als Erkenntnisproblem interessiert hat – dieses Interesse kommt erst in der Zeit der Trennung von Himmel und Erde in der Anschauung empor, zum Beispiel bei Thomas –, zielen die Übungen vor allem darauf, den lichtvollen Zustand zu erreichen, in welchem die Durchsichtigkeit der Welt und zugleich des eigenen Wesens Realität, das heißt Erfahrung wird. Im 6. Jahrhundert war in China noch nicht das Denken die hellste und erkennendste Seelenfunktion, sondern eher das erkennende Fühlen, und dieses war noch verhältnismäßig leicht herzustellen. Konzentration auf das Atmen ist einerseits eine Übung der Aufmerksamkeit, die sich sammelt und zugleich das leibliche Instrument des Fühlens bewußter macht. Andererseits scheint jedes Konzentrieren auf eine körperliche Gegebenheit noch ein anderes Ziel gehabt zu haben: das Fragen nämlich, *wer* übt, *wer* das Atmen erfährt – daß es nicht der Körper sein kann, wird jedenfalls klar.

Für das Zen ist, wie schon erwähnt, jedes Wort und jeder Begriff eine Abschwächung der Wahrheit. «Die letzte Wahrheit ist jenseits der Worte. Doktrinen sind Worte. Sie sind nicht der Weg. Der Weg ist wortlos. Worte sind Illusionen.» (B 31) Deshalb sind Lesen und Lernen *allein* hinderlich: Man vermehrt den Schmutz.

81. «Gehe jenseits der Sprache, gehe jenseits der Gedanken.

Im Grunde sind Sehen, Hören und Wissen vollkommen leer. Dein Zorn, deine Freude oder dein Schmerz sind wie die einer Puppe. Du kannst suchen, aber du wirst nichts finden.» (B 45)

«Doktrinen dienen bloß als Hinweise auf den Geist. Wird man einmal den Geist gewahr, wozu noch auf Doktrinen achten?» (B 35; siehe auch T 10, S. 104) «Gewahrsein» (awareness) bedeutet in den Texten meistens Selbst-Gewahrsein, die grundlegende Selbst-Erfahrung, und Selbst-Werden. So auch hier: «Sterbliche, deren Geist wach (aware) ist, erreichen den Weg der Erleuchtung und werden daher Buddhas genannt.» (B 47) Den eigenen Geist gewahr werden kann man nicht durch Denken. Dieses entfernt sich vom Mittelpunkt und erscheint an der Peripherie.[51] «Nicht zu denken über nichts ist Zen. Wenn du das einmal weißt, dann ist gehen, stehen, sitzen oder liegen, alles, was du tust, Zen.» (B 49) «Wissen» heißt hier «erfahren», nichts Theoretisches ist damit verbunden.

82. *«Zu wissen, daß der Geist leer ist, heißt Buddha zu sehen.*

Die Buddhas der zehn Himmelsrichtungen haben keinen Geist. Den Nicht-Geist zu sehen, bedeutet Buddha zu sehen.» (B 49; siehe auch T II, S. 104)

83. *«Die Abwesenheit von Verstehen wie auch von Nicht-Verstehen ist das wahre Verstehen.» (B 55)*

«Richtig gesehen, ist Form nicht einfach Form, da Form von Geist abhängig ist. Und Geist ist nicht einfach Geist, weil Geist von Form abhängig ist. Geist und Form erzeugen einander und löschen sich gegenseitig aus. Was existiert, existiert in Beziehung auf das Nicht-Existierende. Und was nicht existiert, existiert nicht im Verhältnis zum Existierenden. Das ist die richtige Sicht. Durch solche Sicht wird nichts gesehen und nichts nicht-gesehen. Solche Sicht dringt durch die zehn Himmelsrichtungen ohne Sehen: Weil nichts gesehen ist, weil Nicht-Sehen gesehen ist, denn

84. *Sehen ist Nicht-Sehen.*

Was Sterbliche sehen, sind Täuschungen. Die wahre Sicht ist losgelöst vom Sehen.» (B 55)

Wenn schon *etwas* gesehen wird, hat das Sehen aufgehört: Sehen ist Nicht-Sehen. Ähnlich heißt es: «Wenn du irgend etwas verstehst, verstehst du nicht. Nur wenn du nichts verstehst, ist es wahres Verstehen.» (B 57) Auch jegliches Streben, das im Alltagsbewußtsein urständet, selbst das Üben, ist nutzlos und fehlerhaft. So Bankei (69): «Lebe nur in dem ungeborenen Buddha-Geist, da sind kein Rückfall und kein Fortschritt nötig. Jeder Gedanke daran, Fortschritte machen zu wollen, ist schon ein Rückfall vom Ort des Ungeborenen. Ein Mensch im Ungeborenen hat nichts zu tun mit Fortschritt und Rückfall. Er ist jenseits von beiden.» Von diesem Ort aus werden Fortschritt und Rückfall gesehen! Schließlich ein Rat in bezug auf ein – scheinbar – modernes Problem. Jemand klagt Bankei, sein Geist, sein Bewußtsein werde dauernd mit Gedanken gefüllt. Wie kann es leer werden? Bankei antwortet (117): «Den Geist von den auftauchenden Gedanken zu reinigen ist, als ob man Blut mit Blut wegwüsche. Du kannst das ursprüngliche Blut wegwaschen, aber du bleibst verunreinigt durch das Blut, mit dem du dich gewaschen hast. Wie lang du auch wäschst, die Blutflecke werden nie verschwinden. Da du nicht weißt, daß dein Geist ursprünglich ungeboren und todlos und frei von jeder Illusion ist, denkst du, daß deine Gedanken wirklich existieren, und so wanderst du in das Rad der Existenz. Du müßtest entdekken, daß deine Gedanken flüchtig und unwirklich sind, und dann, ohne sie zu ergreifen oder zurückzuweisen, laß sie bloß kommen – sie werden von selbst gehen. Sie sind wie Bilder im Spiegel. Ein Spiegel ist rein und glänzend und spiegelt alles wider, was vor ihn gestellt wird. Aber

85. *Das Bild bleibt nicht im Spiegel.*

Der Buddha-Geist ist zehntausendmal glänzender als irgendein Spiegel und außerdem wunderbar leuchtend.

86. *Alle Gedanken verschwinden spurlos in sein Licht.*»

5. Das wahre Selbst

Je konzentrierter die Aufmerksamkeit auf irgendeinen Inhalt des Bewußtseins gerichtet ist, um so mehr kann die Ahnung wach werden: *Jemand* – nicht *etwas* – muß dasein als Subjekt. Wer ist der? Alles, was wir als Bewußtseinsinhalt erleben, ist ein *Das*, das heißt ein Objekt. Objekt für wen? Objekte sind Gedanken, Begriffe, Worte, Emotionen, Gefühle, Bilder, Phantasien – alles «Illusionen» für das Zen –, und jemand erlebt sie. Zunächst, naiv, meinen wir im Mich-Fühlen das Subjekt zu finden. Bei sorgfältigerem Nachdenken entdeckt man unschwer, daß dieses Empfinden seinerseits *Objekt* einer versteckten Aufmerksamkeit ist. Das wird bewußtseinsmäßig besonders klar, wenn wir den Versuch machen, uns auf einen Körperteil zu konzentrieren, zum Beispiel auf einen Zeigefinger, den wir vertikal stellen. Die Erfahrung ergibt – nach einigen Minuten, in denen die Aufmerksamkeit vom Pulsieren des Blutes in Anspruch genommen wird –, daß wir uns gar nicht auf den körperlichen Finger konzentrieren können, weder auf die Knochen noch die Muskeln, die Nerven oder die Haut, sondern auf ein Empfinden, als ob der Finger in eine Hülle gewikkelt wäre, die an Dicke – und Länge – die Maße des Fingers weit übertrifft und deren Grenzen verwischt sind. Da erleben wir konzentriert das Mich-Fühlen, das unseren ganzen Körper gleichsam umgibt. An dieser Erfahrung wird die Frage am meisten aktuell und zugleich richtunggebend: Die Erfahrung wird nicht vom Körper gemacht.

Subjekt und Objekt sind Begriffe, die das Denken hervorbringt (PhdFr., III. Kap.). Sobald Begriffe am Horizont des Bewußtseins erscheinen, sind sie Objekte. Wessen Objekte? Dieser «Wer» ist offensichtlich derselbe, der das Denken entfacht, das die Begriffe – auch den des «Subjekts» – schafft.

87. *Wenn etwas ist, muß jemand dabeisein.*

Schon das allereinfachste Erkennen und Wahrnehmen kündet von einem wahren Subjekt. «Wahr» in dem Sinne, daß es kein Objekt werden kann. Denn die Verwirklichung des wahren Subjekts kann keine dualistische Objekt-Subjekt-Erfahrung sein. Andererseits kann, was man *Selbst* zu nennen berechtigt ist, nicht etwas *Anderes* sein, sondern dasjenige, wodurch alles Andere im Bewußtsein erscheint: die Aufmerksamkeit oder die Hingabe, durch welche wir gewöhnlich immer nur Objekte erfahren.[52]

Eigentlich kann die ganze Problematik als Frage nach der Intensität oder Tiefe der Reflexion aufgefaßt werden. Reflektieren ist die heute fast allgemein gegebene Fähigkeit des Bewußtseins, auf sich zu schauen, sich zunächst als Objekt gewahr zu werden. Aufgrund einer gegebenen, nicht individuell erworbenen Fähigkeit wird auf die Vergangenheit der Bewußtseinsfunktionen geschaut. Diese erscheinen als Objekt einer unerfahrbaren gegenwärtigen Aufmerksamkeit. Am Ende des Aufmerksamkeitsflusses wird die Aufmerksamkeit in der Form eines Objektes, eines Ergebnisses vergangenen Tuns, selber zum Objekt – ohne dies zu bemerken: Das «Objekt» wird erlebt. Wir entdecken nicht, daß das «Objekt» aus unserer Aufmerksamkeit gebildet wurde: Wir denken und empfinden, daß das Objekt *unabhängig* von uns einfach da ist – und zwar so, wie wir es sehen oder erinnern. Die Ursache für diese Täuschung ist, daß wir den Vorgang, wie die Aufmerksamkeit zum Objekt wird, nicht bewußt mitmachen, er bleibt überbewußt. Wächst die Intensität der Aufmerksamkeit, so kann sie ihren eigenen Fluß, ihre eigene Bewegung in die Form des «Objektes» hinein miterfahren. Bei steigender Intensität der Aufmerksamkeit erfaßt der reflektierende Blick stets «früher» sich selbst, als Kraft, als Willen, immer weiter *vor* dem

Objektwerden, ohne das Objekt zu verlieren. Die Aufmerksamkeit erlebt sich immer formfreier, imer weiter entfernt von der Objektform, im Prozeß zum Geformtwerden. Das Objekt darf nicht verlorengehen, sonst fließt die Aufmerksamkeit nicht mehr, das heißt, sie *ist* nicht. Doch verändert sich die Erfahrung des Objektes entlang dieser Entwicklung.

Diese Selbsterfahrung der Aufmerksamkeit ist stufenweise[53] das Selbst: Sie ist keine Objekterfahrung mehr, sondern auf jeder «Stufe» des höheren Erkennens notwendig die *erste* Erfahrung. Es muß jeweils ein Subjekt gebildet werden, das auf der jeweiligen Stufe des Erkennens oder der Weltwirklichkeit im Erkenntnisprozeß sich mit der höheren Wirklichkeit identifizieren kann.

Das wahre Selbst in der Anthroposophie

In den Kapiteln 3 und 4 (S. 42 ff., S. 57 ff.)war schon mehrmals vom höheren Ich oder wahren Selbst die Rede, und die Meditationen 47, 68, 69, 70 und 71 befaßten sich ebenfalls mit diesem Thema. Die eingehendste Behandlung ist in Steiners Schrift *Die Schwelle der geistigen Welt,* Kapitel «Von dem wahren Ich des Menschen» zu finden. Das Grundmotiv zu dieser Erfahrung ist die grenzenlose Intensivierung der Hingabefähigkeit. Jede Erhöhung der Erfahrungsebene stellt die Seele vor ein Nichts oder einen Abgrund, weil sie im nächst höheren Gebiet zunächst nicht strukturieren, das heißt unterscheiden kann. «Die Seele muß in der Tat sich vor einen geistigen Abgrund stellen und an demselben den Willensimpuls fassen, ihr Wollen, Fühlen und Denken zu vergessen. Sie muß auf ihre Vergangenheit in ihrem Bewußtsein verzichten.» Der Verzicht betrifft die Formen:

88. *Das seelische Selbstbewußtsein ist Formenbewußtsein, das geistige Selbstbewußtsein ist das Bewußtsein des formenfreien Geistes.*

«Das übersinnliche Bewußtsein kann zu diesem Willensentschluß kommen, wenn es sich die nötige Seelenstärke erobert hat. Kommt es dazu, dann taucht in ihm aus dem selbst hervorgerufenen Vergessen die wahre Wesenheit des Ich auf.» Der Weg führt immer von Inhalten zu der inhaltlosen Fähigkeit, die die Inhalte hervorbringen kann. «Das wahre Ich wird durch die Geistes-Anschauung nicht erzeugt; es ist für jede Menschenseele in den Tiefen vorhanden. Das übersinnliche Bewußtsein erlebt bloß wissend, was für jede Menschenseele eine nicht bewußte, aber zu ihrer Wesenheit gehörige Tatsache ist.» Dieses übersinnliche Bewußtsein *ist, wird* zu dem, was es erlebt.

89. *Das Ich erfährt in der Identität.*

Deshalb muß sich das Ich-bin auf jeder Stufe erfahren, um sich identifizieren zu können mit den mehr und mehr formfreien Realitäten auf den höheren Ebenen. (Siehe auch T 12, S. 105)

90. *«Im Erleben muß der Mensch sich als geistseelisches Wesen finden.»*[54]

Dadurch, daß sich der Mensch in der Identität mit einem Phänomen der Welt als Geistwesen erlebt, erfährt er die Welt als geistige Wesenheit, in ihrem Bedeutung-Sein.

91. *In Identität erlebt der Mensch sich und das Weltphänomen zugleich.*

Das wahre Ich inkarniert sich nicht. Es führt zum Licht-Hintergrund jedes einzelnen Menschen (Joh. 1.9): «Das wahre Licht, das jeden Menschen erleuchtet ...» Es ist unsere Verbindung mit der Lichtwelt.

In dem öffentlichen Vortrag, dem die 90. Meditation entnommen ist, spricht Steiner auf eine Weise, die stark an den Stil des Zen erinnert: «Man muß schon sein Erden-Ich verlieren, um sein wirkliches wahres Ich in der Anschauung zu bekommen. Und derjenige, der nicht diese Hingabe entwickeln würde, der kann eben an dieses wahre Ich nicht herankommen. Man möchte sagen:

> 92. *Das wahre Ich will nicht gesucht sein,*
> *wenn es erscheinen soll; und es verbirgt sich,*
> *wenn es gesucht wird.*

Denn es wird nur in der Liebe gefunden. Und Liebe ist die Hingabe des eigenen Wesens an das fremde Wesen. Daher muß das wahre Ich wie ein fremdes Wesen gefunden werden.»

Man muß nur wissen, daß dieses «Finden» nicht das Finden eines Objektes ist. Derjenige, der liebt, kann sich in dieses «fremde Wesen» verwandeln – welches dem Egowesen dann so unähnlich ist, daß der Übende sein Egowesen in ihm nicht mehr wiedererkennt.

Das wahre Selbst bei Thomas von Aquin

Wenn jemand vom Ich oder Selbst spricht, bedeutet das, daß die Reflexion schon gegeben ist. Bei Thomas finden wir sogar die Entwicklungsgeschichte des Reflektierens angedeutet: «Niemand erkennt, daß er erkennt, außer dadurch, daß er etwas erkennt; denn es ist früher, etwas zu erkennen, denn sich als erkennend zu erkennen ... Unser Geist (mens) vermag nicht auf die Weise sich selbst zu erkennen, daß er sich unmittelbar gewahrt; sondern dadurch, daß er anderes gewahrt, kommt er zur Erkenntnis seiner selbst.» (Ver. 10,8)

In diesen Sätzen scheint mehr enthalten zu sein, als auf den ersten Blick zu entdecken ist. Die Unmöglichkeit, den eigenen Geist direkt zu gewahren, der Umweg durch die Objekte, ist angedeutet, aber, wenn auch verneint, ist zugleich der Gedanke an das unmittelbare Selbstgewahren da.

Die Worte «Ich» und «Selbst» werden von Thomas, wenigstens im Sinne unserer Kapitel-Überschrift, als Substantiv nicht benutzt. Das hat teils sprachliche Gründe, teils aber wird (Aristoteles folgend) das Wort *anima* verwendet, das damals noch eine viel breitere Bedeutung hatte als in der heutigen Sprache das Wort «Seele» – wenngleich Steiner dieses Wort oft sehr ähnlich wie Thomas verwendet. *Psyche*, das griechische Wort, umfasst vom «Leben» bis zur höchsten Erkenntnisfähigkeit alles am Menschen. Daß *anima* bei Thomas mit dem Wesen des Menschen identisch ist, ersieht man aus dem Satz (I, d. 35, I,1 ad 3): «Wie die Seele nichts anderes ist als der Mensch, so ist das Erkannte im Erkennen (Erkenntnisakt) nichts vom erkennenden Geist Verschiedenes, sondern das gleiche.» Wenn man noch den vielfach wiederholten aristotelischen Satz hinzunimmt, die Seele sei in bestimmtem Sinne alles, dann haben wir die Sicherheit, daß unter *anima* das Ich gemeint ist, das jeweilige Ich, wie das Wort oft auch von Steiner verwendet wird.[55]

Man kann vom Standpunkt des Alltagsbewußtseins sagen:

> 93. *Was als jegliche Innerlichkeit erlebt wird, ist die Seele; wer es erlebt, ist der Geist.*

Dieser Unterschied wird auch von Thomas gemacht, wenn es vom Zusammenhang her notwendig ist. Im *Compendium Theologiae* (Kap. 84) geht es um die Unzerstörbarkeit der erkennenden Geistseele, des *intellectus, nicht* um die Seele (wie die meisten deutschen Übersetzungen es verzerren).

Die zwei zusammengehörigen Grundpfeiler der Gesamtwirklichkeit, die Wahrheit der Dinge und die anima, die zu allem werden kann, setzen in bezug auf den Menschen voraus, daß er eine Innerlichkeit hat, die erkennend ist. Diese würde in der heutigen Sprache Ich oder Selbst heißen. Auch Josef Pieper verwendet diesen Ausdruck: «Die Welt des geistigen Ich-Selbst ist das Allgesamt der seienden Dinge ...»[56] Thomas beschreibt die Korrelation zwischen den Seinsbereichen und dem Erkenntnisvermögen der Seele (I, 78,1): «Je höher das Vermögen (potentia) der Seele, desto universaler der Bereich ihrer Objekte, auf den sie sich richtet ... Es gibt ein Seelenvermögen, dessen Bereich einzig der Leib ist, der mit der Seele vereinigt ist; und diese Art Seelenvermögen heißt das wachstümliche (vegetative) ... Es gibt aber eine andere Art Seelenvermögen, das sich auf einen weiteren Bereich richtet, nämlich auf alle sinnlich wahrnehmbaren Körperdinge ... Und es gibt eine Art Seelenvermögen, das sich nicht allein auf die körperlichen Dinge richtet, sondern auf alles Seiende insgesamt.»

Die logische Konsequenz wäre, über die Art des Seelenvermögens zu sprechen, das es ermöglicht, die ganze geistige Welt bis zur Gottesschau zu gewahren (siehe Kapitel 4, S. 59 ff.). Die Reflexionsart bei Thomas erfaßt aber anscheinend nur die Seelenfunktionen, nicht ihre Quelle, das Ich. Wir lesen im *Compendium Theologiae* (4,11) einen merkwürdigen Satz: «In den Dingen findet sich, gemäß der Verschiedenheit ihrer Natur, eine verschiedene Weise der *emanatio* (Äußerung), und je höher seine Natur steht, um so mehr ist, was es äußert, emanat, innerlich.»[57] Die *emanatio* ist die «Äußerungsweise» der Dinge, ihre Art, nach außen zu wirken (Pieper übersetzt hier offenbar aufgrund eines Mißverständnisses sehr ungenau). «Innerlich» wird dieses Wirken nach außen, wenn es Bedeutungs-Ausstrahlung ist, nämlich gedankenartig, dann muß ein anderes Ich-Wesen diese Ausstrahlung verstehen – innerlich. Hier kommt Thomas fast zur Definition des Ich als Innerlichkeit, als verstehende Innerlichkeit.

Das wahre Selbst im Zen-Buddhismus

Aus den Darstellungen im 1., 2., 3. und 4. Kapitel dürfte deutlich geworden sein, daß im Zen-Buddhismus die Themen des Erkennens, des höheren Erkennens, des Selbst und auch der Leerheit sich nicht nur überlappen, sondern ineinanderfließen. So beschränken sich dieses und das nächste Kapitel über Zen auf Ergänzungen dessen, was schon vorangehend dargestellt wurde.

Das Gemeinsame an allen Äußerungen über das Selbst, die Selbst-Natur oder einfach den Geist (mind) ist, daß sie über ein Gewahrwerden dieser Natur sprechen. Die Selbst-Natur ist als Möglichkeit immer da, das wird auch immer versichert, aber zum erkennenden und handelnden Mittelpunkt des Menschen, zur Quelle wird sie allein dadurch, daß der Mensch sie erfährt. Suzuki (ZL 39) drückt das sehr eindeutig aus: «Selbst-Natur ist, mit anderen Worten, Selbsterkenntnis; sie ist kein bloßes Sein, sondern Erkennen. Wir können sagen, daß sie ist, indem sie sich erkennt;

> 94. *Erkennen ist Sein und Sein ist Erkennen.*

Das ist der Sinn von Hui-nengs Erklärung: In der ursprünglichen (Selbst-)Natur an sich ist Prajna-Erkenntnis und deshalb Selbst-Erkenntnis.

> 95. *Die Selbst-Natur spiegelt sich in sich selber, was unaussprechliche Selbst-Erleuchtung bedeutet.»*

Einerseits werden wir an Thomas von Aquin erinnert (siehe Meditation 94), andererseits an Steiner: Selbst- und Welterkenntnis sind eins. Aus diesem ruhenden Geist wird die ganze Welt verständlich. Suzuki (ZL 32) zitiert Hui-neng: «Sein ursprüngliches Wesen (das der Buddha-Natur) ist rein und still, sofern es in sich selber ruht; es ist erst dann abgelenkt, wenn es eine objektive Welt anerkennt und sie für wirklich hält. Jene, die eine objektive Welt anerkennen, aber wissen, daß ihr Geist trotzdem nicht abgelenkt wird, befinden sich im wahren Dhyana ...» Dhyana ist die Meditation, die wahre Sicht. Es ist wesentlich, daß *diese* Traditionslinie im Zen keine quietistische, weltfremde und weltverneinende Meditation zum Ziel hat, vielmehr dient die erlangte Erleuchtung zum Verstehen der Welt und zum Handeln in ihr. Nochmals Suzuki (ZL 44): «Die Selbst-Natur, die selbst-seiend ist, ist auch selbst-sehend. Es gibt kein Sein ohne ein Sehen, das Handeln ist. Die drei Begriffe Sein, Sehen, Handeln sind synonym und austauschbar.»

96. *Sein ist Sehen und Sehen ist Handeln.*

Was diese allwissende und allmächtige Fähigkeit verdunkelt, ist das allgemeine Haften an den «Objekten», die für das Mich-Empfinden unerläßlich sind. Sonst ist dieses Selbst in seinem Wesen von dem Hineinreichen in die Objektwelt unberührt. Suzuki (ZL 48) gibt eine Rede des Meisters Ta-chu Hui-hai wieder: «Die Selbst-Natur ist wie ein klarer, glänzender Spiegel, der Bilder widerspiegelt. Wenn der Spiegel dies tut, leidet dadurch in irgendeiner Weise seine Klarheit? Nein, keineswegs. Leidet sie dann vielleicht, wenn keine Bilder widergespiegelt werden? Nein, keineswegs. Weshalb nicht? Weil die Verwendung des klaren Spiegels keinen Einwirkungen ausgesetzt ist und seine Spiegelfläche dadurch nie verdunkelt wird. Ob Bilder widergespiegelt werden oder nicht, ändert nichts an seiner Klarheit. Weshalb nicht? Weil dasjenige, das keinen Einwirkungen ausgesetzt ist, inmitten aller Bedingtheiten keinen Wechsel kennt.»

97. *Das Gespiegelte wirkt nicht ein auf den Spiegel.*

Das Finden des Buddha ist ein Sehen, ein Erblicken der eigenen Natur. Bodhidarma (B 13) spricht: «Um einen Buddha zu finden, mußt du nichts anderes tun, als deine eigene Natur sehen. Deine Natur ist Buddha ... Wenn du deine Natur nicht siehst und den ganzen Tag herumrennst, anderswo suchend, wirst du nie einen Buddha finden. Die Wahrheit ist, es gibt gar nichts zu finden.»

98. Wenn wir unsere Natur sehen, sieht unsere Natur sich selbst. Täuschung und Gewahrsein sind nicht verschieden.

Das unberührbare Wesen reicht hinunter und wird unsere sterbliche Wesenheit. «Wer seine Natur sieht, ist ein Buddha; wer sie nicht sieht, ist ein Sterblicher. Aber wo könntest du deine Buddha-Natur finden, außer in deiner sterblichen Natur? Unsere sterbliche Natur ist die Buddha-Natur. Außerhalb dieser gibt es keinen Buddha. Und es gibt keine Natur jenseits von Buddha.» (B 15)

Ohne das wahre Selbst zu erkennen und es somit zu werden, findet keine Erleuchtung statt. «Erleuchtung zu erlangen, ohne die eigene Natur zu sehen, ist unmöglich.» (B 19) Das wahre Selbst zu werden ist die zentrale Aufgabe in jeder würdigen Tradition. «Die Buddhas der Vergangenheit und der Zukunft sprechen allein von dem Sehen der eigenen Natur.» (B 37) Auf die Frage, welches die wesentlichste Methode für das Erreichen der Erleuchtung sei, ist die Antwort des Bodhidarma: «Die allerwesentlichste Methode, welche alle anderen mit enthält, ist, den eigenen Geist gewahr zu werden.» (B 77)

Die Buddha-Natur ist unermeßlich, «so groß wie die Welt» (Steiner). Bankeis Antwort auf die Frage, wohin zu gehen sei, wenn man Buddha wird, lautet (Bankei 127): «Wenn du ein Buddha wirst, gibt es keinen Ort, wohin du gehen könntest. Du bist schon überall, hinausreichend selbst über das Weltall.»

Die Formfreiheit der Seele oder Aufmerksamkeit ist dasselbe wie ihre Fähigkeit zur grenzenlosen Ausdehnung. Die räumliche Ausdrucksweise weist, wie Steiner bemerkt (T 8 d, S. 103), in eine Richtung, wo die Worte noch Innerlichkeit und Äußerlichkeit zugleich bedeutet haben: Sie waren noch nicht getrennt. Wenn der Mensch zum Buddha wird, verschwinden Außen und Innen, und dann wird diese Erfahrung zugleich Selbsterfahrung. Und Buddha zu werden ist das Ziel im Zen. Bankei (85) sagt: «Was denkst du, warum sind wir in die Menschenwelt geboren? Wir haben unsere jetzige Seele und unseren jetzigen Leib erhalten, um Buddhas zu werden.» Aber man könnte im Sinne des Zen hinzufügen:

99. *Wenn du Buddha denkst, ist es kein Buddha.*

6. Die Leere als Wirklichkeit

Wer die Aufmerksamkeit oder Bewußtheit, die Hingabefähigkeit, das innere Licht, welches alles, Gegebenes und Nicht-Gegebenes, erhellt, rein in sich erfährt, der erlebt dieses Licht als formfreie, objektfreie Wirklichkeit, als die höchste, wirklichste Realität.

> *100. Weil alles aus der Aufmerksamkeit geschaffen ist, kann sie aus nichts geschaffen sein und keine Form haben.*

Dem westlichen Bewußtsein ist diese Erfahrung verschlossen und damit diese Ansicht fast unannehmbar, denn das «Nichts», die Leere, ist für diese Seele vollständige Beraubtheit, Entblößtheit vom Sein, eine reine Negativität. In Wahrheit ist die Leere in jeder würdigen Tradition – auch als Chaos, Schweigen oder Dunkelheit – die Quelle der Dinge, Bilder, Gedanken, Verständnisse. Wir berühren bei jedem (neuen) Verstehen die Leere der Bewußtheit, sonst könnte sich nichts Neues in ihr formen.[58]

> *101. Das Licht ist formfrei.*

Es scheint, daß einst auch im Westen – vielleicht aus der jüdischen Tradition herrührend und in der christlichen weiterwirkend – das Licht als Urrealität angesehen wurde. Das erste Wort Gottes in der Bibel ist: «Es werde Licht.» Sonne, Mond, Gestirne, die uns geläufigen Lichtquellen, werden erst später geschaffen. Das erste Licht ist das Licht des Logos, aus und durch Gottes Wort entstanden, ja, *als* Gottes Wort.[59] Dieses Licht lebt *gestaltet* in den geschaffenen Dingen; daher sind sie dem Menschen prinzipiell erkennbar (Thomas) und zugleich aus dem Grund, weil im Menschen das ursprüngliche Licht auch in der formfreien Art anwesend ist, *gewissermaßen bewahrt davor, in eine Form zu gerinnen.* Als erkennendes Wesen gehört der Mensch zur Arupa-Welt, zur geistigen Welt (Steiner), zum Nirvana. Daher kann seine Aufmerksamkeit oder Erkenntniskraft jegliche Form annehmen, sich an sie anpassen. Je formfreier die Seele – im Selbstbewußtsein – desto größer die Erkenntnismöglichkeit. Und je höher das Selbst ist, desto formfreier.

102. *Je größer das Selbst, desto heller die Welt.*

Wenn man Zen-Texte liest, bleibt kein Zweifel, daß die Leere als Urwirklichkeit eine lichtvolle ist. Im Christentum wird zwar die Leere als solche von Anfang an – auch schon im Alten Testament – erlebt, aber der Aspekt des Lichtvollen tritt in den Vordergrund. Es scheint, als werde hier bemerkt, daß, wenn man von der Leere spricht, sie denkt, sie erfährt, alles Licht ist – Licht, das alles erfahrbar, offenbar macht. Das Licht zu erfahren entspricht im Christentum dem, was im Zen die Erfahrung der Leere ist. Es wurde ein Schritt weiter getan in der Folgerichtigkeit der Reflexion und in der Präzision der Beschreibung derselben Erfahrung.

Das Neue Testament, vor allem Johannes der Evangelist, kommt in seiner Lichtlehre der Leere als Wirklichkeit sehr nahe.

Das Lichtgedicht des ungarischen Dichters Sándor Weöres faßt, gleichsam West und Ost überbrückend, die Lehre von der lichtvollen Leerheit zusammen (Übersetzung: G.K.):

Das obere Licht

Ins ob're Licht kehrt ein die Leidenschaft,
der Schatten kehrt ins ob're Licht, die Nacht
und jeder Mangel kehrt ein ins ob're Licht.

Ins ob're Licht kehrt ein all die Gefahr,
alles kehrt ein ins ob're Licht, all die
Gefahr des Raums kehrt sich ins ob're Licht.

Ins ob're Licht kehrt ein das unt're Licht,
das Licht kehrt ein ins ob're Licht, das Licht,
jedwedes Licht kehrt ein ins ob're Licht.

103. *Wenn die Bewußtheit objektlos lichtvoll ist, lebt sie im Nirvana.*

Die Leere als Wirklichkeit in der Anthroposophie

Was unbemerkt, da kurz, bei jedem Verstehen oder jeder Intuition geschieht, wird dem Übenden in der Meditation erlebbar: daß die Bewußtheit im Übergang von einem Inhalt zum nächst höheren leer wird. Anders gesagt, die Aufmerksamkeit, die sich auf das Thema richtet, dieses hervorbringt, erfährt sich selbst auf dem Wege in das Thema hinein, bevor sie dazu wird. Die Übergangsphase ist geeignet, als leere Bewußtheit die höhere Bedeutung des Themas entgegenzunehmen, sich zu ihm zu gestalten. Diesen Prozeß beschreibt Steiner fast in allen Texten, welche sich mit dem

Erkenntnisweg beschäftigen. So zum Beispiel im Vortrag vom 27.4.1923 (GA 84): « … das ganze Bewußtsein leer zu halten vom Vorstellen und dennoch wach zu bleiben. Nur wach sein, nichts vorstellen … Inhaltsleeres wachendes Bewußtsein! Aber dieses inhaltsleere wachende Bewußtsein, man kann es innerlich gewahr werden, es bleibt aber nicht lange so.» Eine geistige Wirklichkeit erfüllt es. (Siehe auch T 13, S. 106)

Die Frage, ob das leere Bewußtsein in einer «Welt» ist, ob aus dieser der neue Inhalt kommt, ist sinnlos, denn sie (die Frage) existiert nur für das dualistische, in Subjekt-Objekt-Form erfahrende Bewußtsein. Das monistische Bewußtsein ist immer eins mit seiner Welt, auf der Buddha-Stufe mit dem geistigen Weltall. Auch wenn es um die Schöpfung aus dem Nichts geht (Vortrag vom 17.6.1909, GA 107), kann man dieses «Nichts» nicht als ein Nicht-Seiendes verstehen, sondern man muß in ihm ein Mehr-Seiendes, mehr als die sinneswahrnehmbare oder gedachte Welt Seiendes sehen.

Am Ende der kosmischen Entwicklung – vorausgesetzt, daß sie positiv ausgeht – wird der Mensch alles abgeworfen haben, was er in vorangehenden Phasen der Entwicklung erhalten hat. «Und er wird am Ende seiner Entwickelung noch das an sich tragen, was er nicht erhalten, sondern sich selber erarbeitet hat, was er aus dem Nichts herausgebildet hat … Das, was der Mensch also in einer fernen Zukunft als ein großes wunderbares Ideal erblickt, nicht um das Bewußtsein seiner selbst zu haben, sondern das Bewußtsein von der Schöpfung seiner selbst zu haben, das haben große, höchststehende Geister schon früher entwickelt.» (Vortrag vom 17.6.1909, GA 107.) Der ganze Vortrag steht im Zeichen dieses positiven «Nichts». Steiner beschreibt auch das Nichts historisch.[60] Und der Begriff Nirvana wird bei ihm stark mit dem praktischen Leben verbunden. Unsere Taten *folgen* aus unserer Vergangenheit und aus Gegebenheiten, oder aber sie sind frei, das heißt schöpferisch. «Solche Handlungen nennt man im Okkultismus: Aus dem Nichts heraus schaffen … Und nun denken Sie sich einen Menschen, der zunächst durch

Karma bestimmt wird; durch Handlungen, Gedanken, Gefühle aus der Vergangenheit. Man denke sich ihn dann so weit vorgeschritten, daß er alles Karma aufgelöst hat, also dem Nichts gegenübersteht. Wenn er dann noch handelt, sagt man im Okkultismus: Er handelt aus dem Nirvana heraus. – Aus dem Nirvana heraus erfolgten zum Beispiel die Handlungen eines Buddha, eines Christus, wenigstens zum Teil. Der gewöhnliche Mensch nähert sich dem nur dann, wenn er künstlerisch, religiös oder weltgeschichtlich inspiriert ist.» (Vortrag vom 11.10.1905, GA 93a.) Wie nähert man sich dem Nirvana? «Wenn der morgenländische Okkultist sich solche Dinge zurechtlegt, so sagt er: Unser ganzes Leben ist so, als wenn wir ringsum von Grenzen umgeben wären durch Handeln, Sprechen, Denken. Wenn wir uns das alles wegdenken, bleibt für den gewöhnlichen Menschen kaum mehr etwas übrig. Daß er dann noch etwas hat, ist das Ergebnis der Esoterik, wenn er über alles das hinausgegangen ist. Was dann noch bleibt, das ist das Erleben des Nirvana.» (Ebenda.)

Dieselbe Anschauung findet man auch im späteren Werk Steiners: «Daher die Anschauung des altorientalischen Weisen, daß man nur durch Hingabe, durch Liebe, durch Aufgabe des Ich da eindringen kann (in die Welt der Wahrnehmung), und daß, wenn man eindringt, man nicht lebt in einer Welt des Vana, des Webens im Gewohnten, sondern in der Welt, wo dieses gewohnte Dasein verweht ist, Nirvana ist. Auf diese Auffassung des Nirvana, des höchstgesteigerten Hingebens des Ich, wie es im Schlafe vorhanden ist, wie es in vollbewußter Erkenntnis vorhanden war für die Schüler der altorientalischen Zivilisation, würde anspielen solch ein altorientalischer Weiser ... Bei uns sprach das Nirvana, indem das Ich sich in die ganze Welt liebend ausgoß.» (Vortrag vom 23.9.1921 in GA 207.) Dies letztere geschehe durch das «Verwehen der Egoität».

104. Das «Ich» kann nur durch ein mächtigeres Ich aufgegeben werden.

Die Leere als Wirklichkeit bei Thomas von Aquin

Die Seele ist, wie aus den Kapiteln 1 und 3 ersichtlich werden konnte, auch für Thomas von Aquin leer, formfrei, damit sie «alles zu werden» imstande sei. Diese (bewußtseinsmäßige) Leerheit ist sogar die Voraussetzung jeglicher – auch der gewöhnlichen – Erkenntnis. Aber auch die Leerheit der Weltwirklichkeit wird angedeutet.

Die Dinge sind für den Menschen erkennbar, weil sie «wahr» sind, sich aussprechen und offenbaren. Wahr sind sie, weil Gott sie geschaffen, «erdacht» hat (wie Augustinus sagt), der Mensch aber über einen intellectus, eine erkennende Geistseele verfügt. So ist «Erkenntnis eine Wirkung, effectus, der Wahrheit der Dinge». (Ver. 1.1.) Was die menschengeschaffenen Dinge betrifft – Thomas unterscheidet da scharf –, die res artificiales, so kann der Mensch sie vollkommen erkennen. Die gottgeschaffenen aber nur auf Hoffnung. Der Grund ist zweifach: Erstens, weil die Schöpfung die ursprüngliche Absicht Gottes nur unvollkommen spiegelt; zweitens, weil der intellectus zu schwach ist, auch dieses Unvollkommene zu erkennen. (Ver. 5,2 ad 11.) Auch wenn der Geist «bis zum Wesen der Dinge vordringt» (I,II, 31,5.), ist er doch dem Licht, das davon ausgeht, noch nicht gewachsen. Deshalb findet man zahlreiche «agnostische» Aussagen bei Thomas, wie «Die Wesenheiten (essentiae) der Dinge sind uns unbekannt.» (Ver., 10,1.) Pieper findet im Werk leicht ein Dutzend ähnliche. Um die Naturdinge bis zu ihrem Wesen zu erkennen, zu begreifen, müßte man Gott, Gottes Absicht mit der Schöpfung bis in die Einzelheiten erkennen. Und im Hinblick auf die Gotteserkenntnis folgt Thomas der «negativen Theologie». Das menschliche Erkennen hat demnach Hoffnungsstruktur, ja, darin besteht für Thomas die Hoffnung überhaupt. Denn Erkennen heißt bei ihm immer schon «Das-Werden», Identisch-Werden. Wir werden erinnert an den Johannes-Brief (1. Joh. 3,2): «Meine Lieben, wir sind nun Gottes

Kinder, und es ist noch nicht erschienen, was wir sein werden. Wir wissen aber, wenn es erscheinen wird, daß wir ihm gleich sein werden; denn wir werden ihn sehen, wie er ist.»

Das Geheimnis der Schöpfung führt zur Idee des Nichts. In den *Questiones disputatae de veritate* (18,2 ad 5.) findet sich in Ergänzung zur Lichtseite der Dinge, wie sie in Meditation 60 erscheint, eine ungeheuer modern klingende Aussage:

> *105. «Die Kreatur ist dunkel, sofern sie aus dem Nichts ist (stammt).»*

Dieses Nichts ist Gottes unauslotbares Wesen, zu dem unser Licht nicht hinreicht. Im *Compendium Theologiae* ist das 69. Kapitel überschrieben: «Gott setzt beim Erschaffen der Dinge keinen Stoff voraus.» Auch der Stoff wird von Gott geschaffen, heißt es dort. Obwohl sich der intellectus im Erkennen ausweitet, fehlt bei Thomas die Idee des Nirvana.

Das hängt damit zusammen, daß die Erdenwelt gerade in seiner Zeit für den Menschen wertvolle Wirklicheit zu werden beginnt, nicht mehr bloß Symbol oder Zeichen einer Bedeutung ist. Dieselbe Wirklichkeit ist für den Zen-Buddhismus und auch für Steiner – von einem hohen Gesichtspunkt betrachtet – Täuschung oder Illusion.

Die Leere als Wirklichkeit im Zen-Buddhismus

Nach den vorangegangenen Zen-Kapiteln ist es fast überflüssig, noch über die Leere im Sinne dieser Lehre zu sprechen. Dasselbe gilt auch für das «Nirvana». Es sei dennoch versucht, die Radikalität der Auffassung im Hinblick auf die Verneinung jeglichen Dualismus, also jeglicher Objektwelt zu schildern. «Zu sagen, er erreicht etwas, ist eine Verleumdung des Buddha. Was könnte er erreichen? Selbst sich auf ein Bewußtsein, eine Kraft, ein Verstehen oder eine Ansicht zu konzentrieren, ist Buddha nicht möglich. Ein Buddha ist nicht einseitig. Die Natur seines Geistes ist von Grund auf leer, weder rein noch unrein. Er ist frei von Übung und Verwirklichung. Er ist frei von Ursache und Wirkung ... Ein Buddha ist einer, der nichts tut, der seinen Geist nicht einmal auf einen Buddha konzentrieren kann.

> 106. *Ein Buddha ist nicht ein Buddha. Denke nicht nach über Buddha.»* (B 17)

Das kleinste Zeichen von Dualität, Objekthaftigkeit, von einem «Das» wird vermieden, wenn nicht anders, dann auf paradox widersprechende Weise, im Selbstwiderspruch. «Dieser unser Geist ist leer und enthält keine Formen.» (B 25) *Dieser* – damit ist des Lesers Geist jetzt gemeint – «dieser Geist ist Buddha».

Nirvana heißt (laut der Erklärung des Übersetzers der Bodhidarma-Reden) in Sanskrit «kein Atem»; für die Buddhisten ist es die Abwesenheit von jeglicher Zweiheit, deren Symbol das Atmen (ein – aus) ist. «Unparteiisch zu sein bedeutet, das Leiden als nicht verschieden von Nirvana zu betrachten, weil die Natur von beiden leer ist ... Die Bodhisattvas wissen, daß Leiden dem Wesen nach leer ist. Und in der Leerheit bleibend, bleiben sie in Nirvana. Nirvana bedeutet: Keine Geburt und kein Tod. Es ist jenseits von Geburt und Tod und jenseits von Nirvana. Wenn der Geist aufhört, sich zu bewegen, tritt er in Nirvana ein. Nirvana ist ein leerer Geist. Wo es keine Täuschung gibt, erreichen Buddhas Nirvana.» (B 51-53).

> 107. *Nirvana ist jenseits von Geburt und Tod. Und jenseits von Nirvana.*

108. Jede Vorstellung ist Objekt, Dualität, Täuschung, Form.

«Wenn der Geist das Nirvana erreicht, siehst du kein Nirvana, weil der Geist Nirvana ist. Wenn du irgendwo außerhalb des Geistes Nirvana siehst, täuschst du dich.» (B 63)

Suzuki versucht, die Leere zu erklären (ZL 57) : «Diese Selbst-Natur ist in der Sprache des Prajna-paramita So-Sein (tathata) und Leerheit (sunyata). So-Sein bedeutet das Absolute, etwas, das den Gesetzen der Relativität nicht unterworfen ist und deshalb nicht vermittels der Gestalt begriffen werden kann. So-Sein ist also Gestaltlosigkeit. Im Buddhismus steht Gestalt (rupa) im Gegensatz zu Nicht-Gestalt (arupa), die das Unbedingte ist. Dieses Unbedingte, Gestaltlose und daher Unerreichbare ist Leerheit (sunyata). Leerheit ist kein negativer Begriff und bedeutet auch nicht Verneinung, da sie aber nicht dem Bereich der Namen und Gestalten angehört, wird sie Leerheit, das Nichts oder die Leere genannt. Leerheit also ist unerreichbar. ‹Unerreichbar› bedeutet, jenseits der Wahrnehmung, jenseits des Begreifens zu sein, denn Leerheit ist jenseits von Sein und Nicht-Sein ... Leerheit ist für uns jederzeit erreichbar; sie ist immer mit und in uns; sie bestimmt alle unsere Erkenntnis, all unser Tun und ist unser Leben selber. Erst wenn wir sie auflesen und als etwas unseren Augen Sichtbares darbieten wollen, entzieht sie sich uns, spottet allen unseren Bemühungen und schwindet wie Dunst dahin.» (Siehe auch T 14., S. 107)

Die Art, wie die Zen-Meister versuchen, die Leere als letzte Realität zu schildern, zeugt von Erfahrung und ist daher überzeugend. Wer über Leerheit *spricht*, ist natürlich nicht in ihr, ist aber ein Ich-Wesen und spricht über eigene Erfahrung. Das heißt aber, daß in jener Erfahrung ein Subjekt anwesend war, ein Zeuge, der nicht von außen – in einer Dualität – zeugt. «Der wahre Zeuge» heißt er in der Sprache der Evangelien, wo «wahr» in demselben Sinne gemeint ist wie bei Thomas: Ein Zeuge, der das Zeugen nicht verliert oder vergißt, in dem die Kraft des Zeugens dieselbe ist, durch die auch wahrgenommen wird, worüber er zeugt. Ich und «Das» werden als Identität erfahren.[61]

7. Konsequenzen und Schluß

109. Es gibt nur ein einziges Grundphänomen: das Erkennen.

Alle anderen urständen in diesem. Unter Erkennen wird auch jegliches Bewußtwerden verstanden. Das zweite, vom ersten schon abhängige Phänomen ist die Selbstbewußtheit, die aus dem Urphänomen hervorgehen kann. Kann – denn während das Erkennen als Gestimmtheit gegeben ist, muß Selbstbewußtsein erarbeitet werden, falls wir über das *wirkliche* sprechen und nicht über seinen Ersatz.

An Gewicht und Bedeutung ist das Selbst ausschlaggebend. Man könnte sagen: Erkennen, Objekte, alles dient und führt möglicherweise zu diesem Ziel.[62]

Die Selbsterfahrung als Erfahrung des Selbstes kann nur durch Bewußtseinsschulung erübt werden. Das bezieht sich auch auf die Vorhalle oder das Präludium des Selbstes, das in der Anthroposophie Bewußtseinsseele oder Selbstbewußtseinsseele heißt.[63] Die Möglichkeit dazu ist die immer noch gegebene Fähigkeit der Reflexion – in der christlichen Welt war sie vorbereitet durch die Beichte. Wenn eine Lehre über Bewußtsein, Erkennen, Seele spricht, ist Reflexion anwesend. Die gegebene – nicht individuell erarbeitete – Reflexion richtet sich auf die Vergangenheit des Bewußtseins, auf seine Inhalte; die tiefere erfaßt die Bewußtseinsprozesse, je nach Tiefe in immer früherem Stadium bis zurück zur Quelle: von Formen zu flüssigeren Formen bis zur Formfreiheit der Aufmerksamkeit. Je weiter die Erfahrung auf diesem Wege reicht, desto höhere – formfreiere, das heißt geistige – Selbst-Bildung findet statt. Je höher dieses Erwachen der Aufmerksamkeit zu sich selbst ist, desto vollständiger kann das erwachte Selbst den Weg des Aufmerksamkeitslichtes in das Thema der Übung bewußt verfolgen, beispielsweise wie aus dem Denken Gedanke, aus dem Sehen Gesehenes wird.

Da alle Bewußtseinsinhalte durch geformte Aufmerksamkeit in das Bewußtsein treten, läßt sich die einfache Wahrheit der Meditation 43 unschwer einsehen. Die Welt der Physik wird aus Bedeutungen gebaut. Diese Einsicht schließt jeglichen Materialismus, jegliche Evolution von unten nach oben aus. Sie ist zugleich der Schlüssel oder die Einführung in das Weltbild des Zen, in welchem der *erfahrene* Ausgangspunkt die Geistigkeit ist, die Leere, aus der sich die Weltinhalte als Bewußtseinsinhalte ergeben. Im Zen ist die Uridentität, bei gleichzeitiger Reflexion, so nah – und diese Nähe bewirkt die Tiefe der Reflexion –, daß man alles andere als Abfallen, als Schwächung der Urwirklichkeit sehen kann. Die «Dinge» werden zur Täuschung, Illusion, wenn man ihren Ursprung in der Leere nicht mit-sehen, mit-erfahren kann. Sonst ist alles, bis hin zu den «Giften», zur Sterblichkeit, zu Erkrankungen, Metamorphose der wahren Wirklichkeit, der Leere. Thomas von Aquin kennt die Formfreiheit.

110. *Weil die Seele alles werden kann, ist sie nichts.*

Die aristotelische Formel ist noch radikaler: Die Seele ist auf eine Weise alles. Deutet das vielleicht auf die Uridentität? Wir würden mit der Gesamtwirklichkeit, ohne Selbstbewußtsein, immer identisch sein, wäre die Trennung von ihr nicht geschehen. Jetzt wird unser Bewußtseinslicht auf verschiedene Weise auf ein Bruchstück der Welt eingeschränkt, in Extensität und in Qualität, «herabgelähmt» (so Steiners Wort) durch die Sinne, durch das zentrale Nervensystem, durch die Zeitlichkeit und Räumlichkeit des Lebens (immer nur ein Stückchen Lebenslauf, nicht das Ganze), damit wir es ertragen können. «Jetzt erkennen wir aus Teilen» – «stückweise» nach Luther –, so Paulus (1. Kor. 13,12). Bei Steiner erscheint die Formfreiheit einerseits im Denken als Vorgang, als Gegensatz zu den Gedanken; andererseits in der Beschreibung des höheren Erkennens als die Fähigkeit zur Identität. Das gewöhnliche Erkennen wird als Schatten, als Herabschwächung des vollständigeren verstanden, aus dem heraus sich der Mensch durch den Schulungsweg wieder erheben kann.

Die Bedeutung der Meditationen 44 und 108 wurde schon durch Meditation 45 angedeutet. Das Positive und das Negative sind gemäß einer beobachtenden Erkenntniswissenschaft nicht gleichgewichtig. Man kann über das Böse oder Schlechte nur durch das Wissen über das Gute sprechen, umgekehrt ist es nicht möglich. Finsternis zu erfahren setzt das Licht schon voraus. Man würde die Finsternis allein ebensowenig bemerken wie das Schlechte allein in sich. Wenn ich etwas als sinnlos bezeichne, muß ich wissen, was Sinn und sinnvoll ist.

Wenn die Wahrheit der Dinge ihr Sein ist und das Maß ihrer Wahrheit auch das Maß ihres Seins, dann gibt es menschengeschaffene Dinge, die im Sinne des Thomas von Aquin fast kein Sein haben. Das sind die bloß *nützlichen* Dinge, die nicht «sprechen», nicht, um etwas auszudrücken, geschaffen worden sind.[64] Und ebenso gibt es Prozesse im menschlichen Organismus, die Ausdrucksbewegungen sind, wie sprechen (nicht nur verbal), und andere, die keine sind, zum Beispiel essen. Letztere sind der Grund dafür, daß die Welt der Nützlichkeit und Bequemlichkeit entsteht.

111. Die Wahrheit ist das Wort-Licht des Dinges, das durch sie leuchtet.

Nach Thomas ist es die Wahrheit-Wirklichkeit, die erkennbar ist und an der sich das sittliche Handeln des Menschen orientiert. Denn «das Gute ist, wonach alles strebt». (Ver. 21,1.) Aber zugleich:

«Alle Wesen erstreben ihre Vollkommenheit.» (I, 5,1). Die Schöpfung ist durch den Sündenfall des Menschen mitgerissen worden und von ihrer anfänglichen Vollkommenheit («Und Gott sah, daß es gut ist») abgefallen.[65] Wenn Gott das Geschaffene «gut» findet, so heißt das, daß es vollkommen war: ganz Sinn, denn die Flecken der Sinnlosigkeit gab es noch nicht. «Gut ist die Vollkommenheit und was zu ihr hinführt.» (I, 5,1 ad 1.) Die Vollkommenheit der Dinge, die durch sie hindurchglänzt, ist ihre Wahrheit, ihr Sinn, ihre Bedeutung, wie Gott sie «erdacht» hat. Und die Dinge sind so weit seiend, als sie vollkommen oder gut sind. «Jedes Wesen ist so gut, wie es seiend ist.» (I, II, 18,1).

Die Vollkommenheit des Menschen, der nach dem Bilde und Gleichnis Gottes geschaffen ist, besteht auch darin, daß er schöpferisch wird, wie Gott. Das Wort «vollkommen» bedeutet im Neuen Testament meistens, daß der Mensch über das Notwendige hinaus schafft, tut, «die Wahrheit tut» (Joh. 3,21), gemäß seinem Erkennen.[66] Die gute oder freie Tat des Menschen wurzelt nach Thomas (wie auch nach Steiner) im Erkennen:

Wirklichkeit – Wahrheit – Erkennen – Wahrheit – Handeln – Wirklichkeit

Es ist gleich, ob die Wirklichkeit eine Gegebenheit, eine Situation (links vom Erkennen) ist oder ob der Mensch eine neue Wahrheit erschaut (rechts vom Erkennen) und diese zu verwirklichen sucht. «Das Gute setzt das Wahre voraus.» (Ver. 21,3). Das Sinnvolle, Sprechende nämlich.

Das Sprechende in den Dingen ist ihre Bedeutung, stofflos, geistig, wie die erkennende Geistseele. Mit der Bedeutung wird die Seele identisch, diese wird durch die Identität ihre Erkenntnis. Oder es wird ein Teil ihrer allgemeinen Identität mit der Bedeutungswelt «stückweise» bewußt.

Bei Matthäus (5,48) lesen wir: «Darum sollt ihr vollkommen sein, gleich wie euer Vater im Himmel vollkommen ist.» Und der Herr sagt (Luk. 18,19): «Niemand ist gut, nur Gott.»

Im ganzen Bild des Thomas, wie auch in den östlichen Traditionen, ist das Gute, Vollkommene das Ursprüngliche, das Wissen, Erkennen, die Vidya. Das Nicht-Sehen-Wissen, die Avidya, erscheint als Abfallen, als Erkrankung. Für das Zen genügt es, das Negative zu tilgen – dann bleibt das Ursprüngliche, das Positive –, und im Verlauf dieses Tilgens wird der Mensch zum Selbst. Auch für Thomas ist das Schlechte «die Zerstörung irgendeines Guten» (C.T. Kap. 117).

Die Erkrankung verspüren wir als Normalität. Aber die weiteren Erkrankungen, die wir als solche, als Abnormalität sichten, geschehen auch im Zeichen der Sinnlosigkeit, im Festhalten-Festgehaltenwerden in sinnlosen, nicht-sprechenden Formen.[67] Sinnloses entsteht allein durch den Menschen. Steiner unterstreicht die «Verwandtschaft» der menschlichen Instinkte mit der schöpferischen Kraft: «Denn unsere Zeit muß, wenn sie sich nicht in die Nichtigkeiten hineinbringen will, etwas verstehen lernen: Sie muß verstehen lernen das Prinzip von dem schöpferischen Geiste; sie muß verstehen lernen, was es heißt, daß der Geist, indem er schöpferisch wird, mit derselben Kraft wirkt, wie die Instinkte wirken, nur daß die Instinkte wirken in der Finsternis, der schöpferische Geist im Lichte der Sonne, das heißt der geistigen Sonne.» (Vortrag vom 19.4.1917, GA 175) Die sogenannten Instinkte treten durch die Metamorphose der ursprünglich schöpferischen Kräfte in Erscheinung. Die Buddha-Natur und die Gifte sind Verwandlungen voneinander.

Erkennen kann man, was Sinn hat. Licht-Transparenz, Lesbarkeit – im Lesen werden die Zeichen, die sinneswahrnehmbar sind, zur Bedeutung hin durchsichtig. Da das Erkennen – unabhängig von der Weltanschauung, was jedoch nicht immer bemerkt wird – *das* Urphänomen ist, in dem alles andere urständet, kann es nur eine Art von Monismus geben, den geistigen nämlich. Man könnte diesen heute auch Erkenntnis-Monismus nennen. Steiner beschreibt das auf folgende Weise in der *Philosophie der Freiheit* (Kapitel: «Die Konsequenzen des Monismus», S.245): «Das einzelne menschliche Individuum ist von der Welt nicht tatsächlich abgesondert. Es ist ein Teil der Welt, und es besteht ein Zusammenhang mit dem Ganzen des Kosmos der Wirklichkeit nach, der nur für unsere Wahrnehmung unterbrochen ist.» Die Wahrnehmung kommt zustande als diese Unterbrechung.

112. Die Wahrnehmung entsteht als Bruchfläche von Welt und Mensch.

Die Unterbrechung aufzuheben, die Uridentität selbstbewußt, durch bewußte Übung wiederherzustellen war das ewige Ziel und Bestreben jeder guten Tradition – «gut» insofern, als sie den Menschen zu seiner Vollkommenheit führen wollte.

Die Unterschiede in dem Übungsweg rühren von den unterschiedlichen Ausgangspunkten her. Das Bewußtsein des Durchschnittsmenschen ist heute ganz verschieden von dem einer früheren Zeit. Teils, weil die älteren Schulungsmethoden (mehr kollektiv als individuell, zum Beispiel religiöse Praxis) wirksam waren und das Bewußtsein entsprechend veränderten; teils, weil die allgemeine Erkrankung der Seele[68] weiter fortgeschritten ist.

Das Wesentliche des modernen Übungsweges ist die *aktive* Aufmerksamkeit. Das bedeutet eine Konzentration, in welcher das Thema nicht von außen, als Wahrnehmung gegeben, sondern durch die Aufmerksamkeit selbst hervorgebracht wird: eine Vorstellung, ein Gedanke oder eine Frage (Forschungsmeditation). Dementsprechend sagt Steiner: «Man hat ja gar nicht das Bewußtsein des Denkens, wenn man sich für die Vorstellungen nur von außen anregen läßt. Nur wenn man immer wieder und wiederum sich von innen zum Denken anregt durch Meditation, durch Konzentration auf Gedankeninhalte, dann wird man sich gewahr innerhalb des Denkens. Dann geht einem auf, daß man eigentlich in diesem Denken lebt, aber daß man es nur nicht weiß, wenn man sich allein von außen anregen läßt. Das Denken wird auf diese Weise lebendig, während es sonst abstrakt und tot ist.» (Vortrag vom 15.4.1923, GA 84.)

Dies ist der einfachste Weg zur Erfahrung des wahren Selbst, weil das Thema und die auf es gerichtete Aufmerksamkeit ein und dasselbe sind.[69] Durch die Konzentration wächst die Durchlässigkeit des Geistes, weil die wachsende Selbständigkeit der Bewußtheit von dem Gehirn zugleich die Trübungen entfernt, den Einfluß der sinnlosen Formen der Seele, und gleichzeitig wächst die selbständige Kraft des Ich, weil der ganze Vorgang von ihm ausgeht. So wie sich das Selbst als Identität mit dem Thema, dann graduell immer freier von Formen erlebt, nähert es sich dem fernen Ziel an: dem Bodhisattva-Dasein, frei von allen Formen.

Die Überwindung der Dualität erscheint zunächst als eine Zielsetzung des Erkennens. Das Erkennen aber – darin sind alle drei besprochenen Lehren einig – gehört zum Sein, zur Ontologie. Und so sind Erkenntnisziele zugleich Ziele des Weltenschicksals, des Schicksals der Schöpfung, die für das riskante Abenteuer[70] des Menschwerdens uns geschenkt worden ist. «Also scheint die ganze körperliche Natur irgendwie wegen des Menschen dazusein, sofern er ein vernunftbegabtes Wesen ist. Also hängt von der Vollendung des Menschen irgendwie die Vollendung der ganzen körperlichen Natur ab.» (C. T. Kap. 148) Wir brauchen nicht zurückzuschrecken vor diesem Anthropozentrismus. Denn

113. Nur für und durch den Menschen
gibt es eine Welt.

Texte zur Ergänzung

Zu S. 28

T 1 «Die geistbegabten Naturen haben eine höhere Wesensverwandtschaft zum Allgesamt als die anderen Naturen. Denn jegliches geistbegabte Wesen ist in bestimmtem Sinn alles Seiende, sofern es durch seine Erkenntniskraft die Allgesamtheit des Seienden zu fassen vermag. Jedes andere Wesen aber besitzt nur eine stückhafte Teilhabe am Sein.»

Thomas von Aquin, Summa contra gentiles 3, 112.

Zu S. 31

T 2 «Obwohl du mit nichts, außer deinem ungeborenen Buddha-Geist, in diese Welt gekommen bist, bist du in deine illusorischen Wege geraten, als du aufgewachsen bist, da du anderen Leuten in ihrem Getäuschtsein zugehört hast. Du hast das alles aufgelesen, Schritt für Schritt, lange Zeit hindurch. Dein Geist hat sich daran gewöhnt bis jetzt, wo dein irregeführter Geist ganz herrschend geworden und unkontrolliert täuschend wirksam ist. Aber keiner der illusorischen Gedanken ist dir angeboren.»

Bankei, 119.

«Es ist verkehrt, in dem Bestreben, der Ungeborene zu werden, einen zweiten Geist zu züchten über dem Geist, den du schon hast. Du bist ungeboren von Anfang an … Der wahre Ungeborene hat nichts zu tun mit grundlegenden Prinzipien und ist jenseits von Werden oder Erreichen. Er ist einfach so, wie du bist.»

Bankei, 123.

Zu S. 34

T 3 «Die sittlichen Ideale entspringen aus der moralischen Phantasie des Menschen. Ihre Verwirklichung hängt davon ab, daß sie von dem Menschen stark genug begehrt werden, um Schmerzen und Qualen zu überwinden. Sie sind *seine* Intuitionen, die Triebfedern, die sein Geist spannt; er will sie, weil ihre Verwirklichung seine höchste Lust ist. Er hat es nicht nötig, sich von der Ethik erst verbieten zu lassen, daß er nach Lust strebe, um sich dann gebieten zu lassen, wonach er streben soll. Er wird nach sittlichen Idealen streben, wenn seine moralische Phantasie tätig genug ist, um ihm Intuitionen einzugeben, die seinem Wollen die Stärke verleihen, sich gegen die in seiner Organisation liegenden Widerstände, wozu auch notwendige Unlust gehört, durchzusetzen.

Wer nach Idealen hehrer Größe strebt, der tut es, weil sie der Inhalt seines Wesens sind, und die Verwirklichung wird ihm ein Genuß sein, gegen den die Lust, welche die Armseligkeit aus der Befriedigung der alltäglichen Triebe zieht, eine Kleinigkeit ist. … Wer die Lust an der Befriedigung des menschlichen Begehrens ausrotten will, muß den Menschen erst zum Sklaven machen, der nicht handelt, weil er will, sondern nur, weil er soll. Denn die Erreichung des Gewollten macht Lust. Was man *das Gute* nennt, ist nicht das, was der Mensch *soll*, sondern das, was er *will*, wenn er die volle wahre Menschennatur zur Entfaltung bringt. Wer dies nicht anerkennt, der muß dem Menschen erst das austreiben, was er will, und ihm dann *von außen* das vorschreiben lassen, was er in seinem Wollen zum Inhalt zu geben hat.,»

Steiner, Die Philosophie der Freiheit,
GA 4, 15. Auflage, 1987, S. 232f.

Zu S. 35

T 4 «Wir tragen durch die Pforte des Todes in die geistige Welt dasjenige hinaus, was uns die Erzengelwesen im Schlafe gegeben haben. Da können wir uns dann in der richtigen Weise in die geistige Welt hineinfinden, die der Logos ist, die aus den kosmischen Elementen besteht, die in den Worten der Sprache ihr Abbild haben …»

Steiner, Vortrag vom 6.4.1923.
In: Die menschliche Seele in ihrem Zusammenhang mit göttlich-geistigen Individualitäten,
GA 224, 3. Auflage, 1992.

Zu S. 45

T5 «Wir sind auch dann (im Wachzustand) durch unser Ich und durch unseren astralischen Leib mit unserer Umwelt verbunden in einer Weise, von der das gewöhnliche Bewußtsein keine Ahnung hat…

Unser Leib nämlich hat eine gewisse Eigentümlichkeit gegenüber diesen Erlebnissen. Er schwächt, so kann man sagen, diese Erlebnisse ab. Alles das, was wir eigentlich in Wahrheit erleben mit unserer Umwelt, das schwächt unser Leib ab, und wir nehmen nur die Abschwächung unseres Leibes wahr, nicht unsere wirklichen Erlebnisse. Unsere wirklichen Erlebnisse verhalten sich zu dem, was wir durch unseren Leib von unserer Umgebung wahrnehmen … wie sich das Sonnenlicht, das auf den Stein scheint und vom Stein so zurückkommt, so daß wir den Stein sehen können, zu dem wirklichen Sonnenlichte verhält, das uns oben von der Sonne entgegenschaut… Sie können den Stein anschauen, das reflektierte, das zurückgeworfene Licht können Sie mit Ihren Augen vertragen. Wenden Sie sich vom Steine zur

Sonne und schauen starr in die Sonne, werden Sie geblendet ... Das, was wir wirklich mit der Umgebung erleben, hat die Stärke des Sonnenlichtes, und dasjenige, was wir durch die Werkzeuge des Leibes erleben, hat von dieser Stärke bloß jene Abschwächung, welche das abgeschwächte Licht, das uns irgendein Gegenstand zurückwirft, von der Stärke des Sonnenlichtes hat.» Es folgt im Text Steiners der Satz, den wir vorn unter Meditation 47 wiedergegeben haben.

Steiner, Vortrag vom 10.1.1919.
In: Der Goetheanismus, ein Umwandlungsimpuls und Auferstehungsgedanke,
GA 188, 3. Auflage, 1982.

Zu S. 47

T 6 «Wenn sich denn das Denken mit dem Wahrnehmen vergleicht, ist es ein Erleiden des gedachten Gegenstandes oder etwas anderes derartiges. So muß der Seelenteil leidensunfähig sein, aber fähig, die Form aufzunehmen, und der Möglichkeit nach so sein wie die Form, aber nicht diese, und es muß sich wie das Vermögen der Wahrnehmung zu den Wahrnehmungsgegenständen, so der denkende Geist zu den Denkgegenständen verhalten. Notwendig also ist er, da er alles denkt, unvermischt (mit den Denkformen), wie sich Anaxagoras ausdrückt, damit er herrsche, das heißt damit er erkenne. Denn das Fremde, das dazwischen erscheint, hindert und steht im Wege. So besitzt er auch keine andere Natur als diese, daß er Vermögen ist. Der sogenannte Geist der Seele – ich nenne Geist das, womit die Seele nachdenkt und vermutet – ist der Wirklichkeit nach, bevor er denkt, nichts von den Dingen. Deshalb nimmt man mit Grund auch nicht an, daß er mit dem Körper vermischt sei. Denn er bekäme dann eine bestimmte Beschaffenheit, würde kalt oder warm oder hätte ein Werkzeug wie das

Wahrnehmungsvermögen. Nun hat er aber keines. Und im Recht sind die, die sagen, die Seele sei der Platz der Denkformen, nur freilich nicht die ganze, sondern die Denkseele, und nicht in der Erfüllung, sondern der Möglichkeit nach ist sie den Formen gleich.»

Aristoteles, Über die Seele.
Übersetzt von W. Theiler. Berlin 1966. III. Buch, 429a.

Zu S. 48

T 7 «Es ist nämlich offenkundig, daß der Mensch allein das Allgemeine und die Verhältnisse der Dinge und die unstofflichen Dinge betrachtet, was alles nur durch das Verstehen erfaßt wird. Das Verstehen kann aber keine durch ein körperliches Organ ausgeübte Tätigkeit sein, wie das Sehen durch das Auge ausgeübt wird. Jedes Werkzeug eines erkennenden Vermögens muß nämlich von derjenigen Gattung der Dinge ledig sein, die durch es erkannt wird, wie die Pupille von Natur der Farben entbehrt ... Das Aufnehmende muß aber von dem, was aufgenommen wird, entblößt sein. Der Verstand aber ist fähig, alle sinnfälligen Naturen zu erkennen. Wenn er also durch ein körperliches Organ erkennen würde, müßte jenes Organ von jeder sinnfälligen Natur entblößt sein, was unmöglich ist.»

Thomas von Aquin, Compendium Theologiae,
Kapitel 79.

Zu S. 57

T 8 a/ «Alle die Dinge, die uns ... durch die geisteswissenschaftliche Forschung vor die Seele treten können, sind geeignet, uns zu zeigen, wie das, was man die große Täuschung nennt, vorzugsweise darin besteht, daß der Mensch mit seinem gewöhnlichen Bewußtsein nicht überschauen kann das, was er ist: Daß der Mensch der ganzen Welt angehört, während durch das gewöhnliche Bewußtsein ihm eigentlich nur die Schale wie eingeschlossen gezeigt wird innerhalb der Haut usw. Aber was da innerhalb dieser Eingeschlossenheit ihm gezeigt wird, ist nur ein Ausschnitt dessen, was der Mensch in Wahrheit ist, und das ist so groß wie die Welt. Und eigentlich schauen wir auf unseren Menschen schon im gewöhnlichen Leben von außen zurück.»

Steiner, Vortrag vom 20.4.1915.
In: Menschenschicksale und Völkerschicksale,
GA 157, 3. Auflage, 1981.

b/«Man kann schon sagen: Höhere Erkenntnis bringt nichts Neues in den Menschen herein. Das ist alles schon im Menschen, was die höhere Erkenntnis liefert. Aber es ist doch so, daß dasjenige, wovon man bestimmt sagen kann, daß es nichts Neues in den Menschen hineinbringt, auf dasjenige hinweist, was dem Menschen für das gewöhnliche Bewußtsein unbekannt bleibt, und was, indem es nicht nur erkannt wird, sondern indem es mit dem vollen Seeleninhalt, mit allen Seelenkräften erlebt wird, allerdings ein Höheres in das Menschenwesen dann hineinträgt; nicht die Erkenntnis als solche, sondern das Erleben dieser Erkenntnis.»

Steiner, Vortrag vom 7.12.1922.
In: Geistige Zusammenhänge in der Gestaltung des menschlichen Organismus, GA 218, 3. Auflage, 1992.

c/ «Er (der Geistesschüler) fängt an, sich wie mit dem ganzen Weltenbau verwachsen zu fühlen, trotzdem er sich in seiner vollen Selbständigkeit empfindet. Es ist diese Empfindung ein Aufgehen in die ganze Welt, ein Einswerden mit derselben, aber *ohne* die eigene Wesenheit zu verlieren. Man kann diese Entwickelungsstufe als ‹Einswerden mit dem Makrokosmos› bezeichnen. Es ist bedeutsam, daß man dieses Einswerden nicht so zu denken hat, als wenn durch dasselbe das Sonderbewußtsein aufhören und die menschliche Wesenheit in das All ausfließen würde.»

Steiner, Die Geheimwissenschaft im Umriß,
Kapitel: Die Erkenntnis der höheren Welten,
GA 13, 29. Auflage 1977, S. 293

d/ «...und ‹er (der Geistesschüler) schaut›, wie sich dieser ‹Lebensgeist› fortwährend durch Aufnahme von Geistesnahrung aus der geistigen Außenwelt vergrößert. Und ferner sieht er, wie durch diese Aufnahme sich die Geisteshülle fortdauernd weitet, wie der Geistmensch immer größer und größer wird. Insofern dieses ‹Größerwerden› räumlich ‹geschaut› wird, ist es selbstverständlich nur ein *Bild* der Wirklichkeit. Dessenungeachtet ist in der Vorstellung dieses Bildes die Menschenseele auf die entsprechende geistige Wirklichkeit hin gerichtet...»

Steiner, Theosophie, Kapitel: Leib, Seele und Geist,
GA 9, 31. Auflage, 1987, S. 55.

e/ «Wenn man mit den gewöhnlichen physischen Augen und dem physischen Vorstellen einem Gegenstand gegenübersteht, ist man nicht nur in dem physischen Gegenstand darin – der ja, wie wir gesehen haben, überhaupt nur eine Täuschung ist –, sondern man ist auch in dem geistigen Wesen drin. Man ist immer auch in den geistigen Wesen, die nicht physisch verkörpert sind, drinnen ...

Wir sind in jedem Augenblick nicht nur wir selber, sondern jedes andere Wesen auch. Nur entwickeln wir uns nicht dazu, indem wir unser Bewußtsein nicht zu dem andern erheben.»

Steiner, Vortrag vom 5.10.1914.
In: Okkultes Lesen und okkultes Hören,
GA 156, 2. Auflage, 1987.

Zu S. 64

T 9 «Vorstellen und Wahrnehmen ist nicht vorhanden (in der geistigen Erfahrung), aber Fühlen und Wollen, jedoch in einer ganz anderen Art als im gewöhnlichen Leben ... Man muß sich klar sein, daß übersinnliche Erkenntnis, trotzdem sie aus Fühlen und Wollen heraussprießt, etwas anderes ist als Fühlen und Wollen. Dazu muß berücksichtigt werden, daß für die seherische Erkenntnis Fühlen und Wollen die Seele so ausfüllen muß, daß die Seele ruht, und daß überhaupt auch der ganze übrige Mensch in vollständiger Ruhe sich befindet. Das muß eintreten, worin der Mensch sonst nicht ist beim Fühlen und Wollen: Es muß sich Fühlen und Wollen ganz nach innen geschlagen entwickeln. Willensimpulse entwickeln sich gewöhnlich in Offenbarungen nach außen; keine Offenbarungen nach außen hin dürfen eintreten beim Sehertum.»

Steiner, Vortrag vom 6.5.1918.
In: Kunst und Kunsterkenntnis,
GA 271, 3. Auflage 1985.

Zu S. 66

T 10 «Wenn man das eigene Wesen gewahr wird, braucht man keine Sutras zu lesen oder Buddhas anzurufen. Bildung und Wissen sind nicht nur unnütz, sondern sie bewölken das Gewahrsein.» *Bodhidarma, S. 35.*

Zu S. 67

T 11 «Benutzt man den Geist, um die Wirklichkeit zu untersuchen, wird weder der eigene Geist noch die Wirklichkeit verstanden. Wenn man die Wirklichkeit, ohne den Geist zu gebrauchen, studiert, wird man beide verstehen. Diejenigen, die nicht verstehen, verstehen das Verstehen nicht. Und diejenigen, die verstehen, verstehen auch das Nicht-Verstehen. Die Menschen, die der wahren Sicht fähig sind, wissen, daß der Geist leer ist. Sie transzendieren beide, das Verstehen und das Nicht-Verstehen.»

Bodhidarma, S. 55.

Zu S. 72

T 12 a/«Sie (die Seele in der Meditation) löst sich los von der Leiblichkeit, wie sie sich im Schlafe loslöst; aber sie geht nicht wie in diesem in die Bewußtlosigkeit über, sondern sie erlebt eine Welt, die sie vorher nicht erlebt hat. Ihr Zustand ist, obwohl er nach der Seite der Losgelöstheit vom Leibe mit dem Schlafe verglichen werden kann, doch so, daß er sich zu dem gewöhnlichen Tagesbewußtsein als ein solcher eines *erhöhten Wachseins* kennzeichnen läßt. Dadurch erlebt sich die Seele in ihrer wahren inneren, selbständigen Wesenheit, während sie sich im gewöhnlichen Tagwachen durch die in demselben vorhandene schwächere Entfaltung ihrer Kräfte nur mit Hilfe des Leibes zum Bewußtsein bringt, sich also nicht selbst erlebt, sondern nur in dem Bilde gewahr wird, das – wie eine Art Spiegel – der Leib (eigentlich dessen Vorgänge) vor ihr entwirft.»

Steiner, Die Geheimwissenschaft im Umriß,
Kapitel: Die Erkenntnis der höheren Welten,
GA 13, 29. Auflage 1977, S. 318.

b/ «Die Menschheit braucht aber heute das, was den Menschen zum Menschen selber hinführt, nicht bloß zu seinem Abdruck (physische Gestalt, Leib). In der Anschauung bietet der Abdruck alles, was im Urbilde in der geistigen Wesenheit drinnen ist, im Erleben aber nicht. Denn im Erleben muß der Mensch sich als geistseelisches Wesen finden. Dann findet er auch die Welt als geistseelisches Wesen. Daher ist im Grunde genommen aller Erkenntnisweg damit verbunden, daß man sich selber als das Bild des wahren Menschen erkennt ... Und in diesem lebendigen Erkenntnisprozeß ist es, daß sich die Welt dem Menschen durch sein eigenes Wesen offenbart und daß sich das eigene Wesen des Menschen in dem Erleben der Welt draußen offenbart. Da wird wirklich der Mensch ein Wesen, das sich wiederfindet im ganzen Universum, denn, sich erkennend, lernt er die Welt erkennen, und die Welt erkennend, lernt er sich erkennen.»

Steiner, Vortrag vom 22.4.1923.
In: Was wollte das Goetheanum und was soll die Anthroposophie? GA 84, 2. Auflage, 1986.

Zu S. 82

T 13 a/ «Aber man hat nicht mehr die Sinneswelt vor sich. Man hat nicht mehr seine gewöhnlichen Gedanken und Erinnerungen in sich. Man hat leeres Bewußtsein. Da kommt aber nun sogleich eine wirkliche geistige Welt herein in dieses leere Bewußtsein. So wie im gewöhnlichen Tagesbewußtsein die Sinneswelt mit ihren Farben, mit ihren Tönen, mit ihrem Wärmereichtum hereinkommt, so kommt in dieses leere Bewußtsein eine geistige Welt herein. Wir sind umgeben, wenn wir erst das Bewußtsein wach und leer gemacht haben, von einer geistigen Welt.»

Steiner, Vortrag vom 12.8.1924.
In: Das Initiaten-Bewußtsein,
GA 243, 5. Auflage, 1993.

b/ «Aber dieses leere Ich wird zum Schauplatze gemacht, wo sich fortwährend verbinden die göttlichen Inhalte, die in zwei entgegengesetzte Lager geteilt werden. Und indem das leere Bewußtsein fort und fort Ausgleiche schafft, erfüllt es sich immer mehr mit dem, was ursprünglich im göttlichen Bewußtsein war.»

Steiner, Vortrag vom 24.5.1912.
In: Über den Sinn des Lebens,
GA 155, 3. Auflage, 1994.

Zu S. 88

T 14 Teil eines Dialoges zwischen dem Zen-Meister Ta-chu und einem Mönch:

«Rein und unbefleckt zu sein, ist Sila (Vorschrift). Wenn der unbewegte Geist in allen Verhältnissen stets klar bleibt, ist es Dhyana (Meditation). Den unbewegten Geist wahrzunehmen und doch keine Gedanken hinsichtlich seiner Unbewegtheit aufkommen zu lassen; den Geist als rein und unbefleckt (von Inhalten) wahrzunehmen und doch keine Gedanken an seine Reinheit aufkommen zu lassen; das Böse vom Guten zu unterscheiden und sich doch nicht durch sie beschmutzt zu fühlen und sich völlig in der Gewalt zu haben: das ist Prajna. Wenn man daher wahrnimmt, daß Sila, Dhyana und Prajna unerreichbar sind, erkennt man sofort, daß sie dem gleichen Körper angehören. Das ist die gleichzeitige Wirksamkeit der dreifachen Übung.

Frage: ‹Wenn der Geist in der Reinheit verweilt, ist das kein Festhalten an ihr?›

Antwort: ‹Wenn man in der Reinheit verweilt, wird man nicht daran denken, daß man in ihr verweilt, und es heißt dann, man halte an ihr nicht fest.›

Frage: ‹Wenn der Geist in der Leerheit verweilt, ist das kein Festhalten an ihr?›

Antwort: ‹Wenn man an ein solches Verweilen denkt, hält man an etwas fest.›

Frage: ‹Wenn der Geist im Nicht-Verweilen verweilt, ist das nicht ein Festhalten am Nicht-Verweilen?›

Antwort: ‹Wenn man keine Gedanken in bezug auf die Leerheit hegt, gibt es kein Festhalten … Wenn ihr so vom Verweilen (bei Gedanken) befreit seid, wird es von euch heißen, daß ihr im Nicht-Verweilen verweilt.»

Suzuki, Die Zen-Lehre vom Nicht-Bewußtsein, S. 63.

Anmerkungen

1 zu S. 9 Die Technik des Meditierens wurde beschrieben von Georg Kühlewind, «Die Schulung der Aufmerksamkeit» in: *Freiheit erüben*, Stuttgart 1991, S. 55ff. sowie in ders., *Vom Normalen zum Gesunden*, Stuttgart, 5. Auflage 1995, S. 186 ff.

2 zu S. 13 Man muß sich, wie bei jedem originären Autor, so auch bei den drei hier gewählten, daran gewöhnen, daß sie keine konsequente Terminologie haben: Ein und dasselbe Wort kann an verschiedenen Stellen sehr unterschiedliche Bedeutungen haben, zum Beispiel «Geist» oder «Seele» bei Steiner oder auch bei den anderen zwei großen Geistgestalten.

3 zu S. 18 Ein berühmtes Beispiel für die unterschiedliche Gliederung der Farbenskala findet man in H. Arens, *Sprachwissenschaft*, Bd. 2, Frankfurt am Main, Athenäum 1969, S. 595f.

4 zu S. 22 Was man Rudolf Steiners Erkenntnistheorie zu nennen pflegt, ist keine «Theorie», sondern besteht aus «seelischen Beobachtungsresultaten nach naturwissenschaftlicher Methode», wie es der zweite, präzisierende Untertitel zur *Philosophie der Freiheit* besagt.

5 zu S. 22 Über die Geschichte und das Wesen des Begriffes «das Gegebene» siehe F. Schwarzkopf, *The Metamorphosis of the Given*, New York 1995.

6 zu S. 23 Solche Sätze finden sich in Kühlewind, *Die Esoterik des Erkennens und Handelns*, Stuttgart 1995, S. 31, S. 79-83 zusammengestellt.

7 zu S. 26 Siehe Kühlewind, *Das Gewahrwerden des Logos*, 2. Auflage, Stuttgart 1990, 10. Kapitel.

8 zu S. 27 In ders., *Esoterik des Erkennens und Handelns* findet sich ein Gedankengang, der für den Text-Charakter der Natur spricht.

9 zu S. 28 Thomas von Aquin, *Questiones disputatae de veritate* (im Text abgekürzt Ver.) 1,1. Die meisten Zitate sind der Übersetzung durch Josef

Pieper entnommen, mit Ausnahme derjenigen Stellen, an denen er sich zu irren scheint.

10 zu S. 28 Thomas von Aquin, *Summa Thelogiae* (im Text nur mit römischen Ziffern angegeben) I, 16, 3. Pieper wertet die erkenntniswissenschaftliche Ansicht des Thomas in seinem Buch *Wahrheit der Dinge*, 4. Auflage, München 1966, S. 90.

11 zu S. 29 «Urbilder» im Sinne von Steiners *Theosophie* (Kap.: Die drei Welten. III. Das Geisterland) sind die Bedeutungen, der Sinn der geschaffenen Dinge. Wie die Bedeutung einer Rede dasein muß, bevor die entsprechenden sinneswahrnehmbaren Zeichen erscheinen können, so auch die Urbilder als geistige Realitäten vor der Sinneswelt. Sie sind Formen (Rupa = Form), wie Gedanken, Bedeutungen bestimmt geformt sind. Aus der Welt der Urbilder bringt der Mensch seine Fähigkeit mit, Bedeutungsformen zu verstehen bzw. zu schaffen.

12 zu S. 29 Diese Wahrheit wird auch von Rudolf Steiner ausgesprochen in *Wahrheit und Wissenschaft* (im Text abgekürzt W. u. W.), GA 3, S. 70.

13 zu S. 29 *Überbewußt* sind alle kommunikativen Fähigkeiten des Menschen, und Fähigkeiten sind an sich formfrei. So sind zum Beispiel die Tätigkeit der Sprachorgane und das Wie des Denkens, ja selbst der *Prozeß* des Denkens überbewußt. Das Ergebnis des Denkprozesses, der Gedanke, wird bewußt.

Das *Unterbewußte* enthält Gewohnheiten, Formen, an welchen die Seele haftet, keine Fähigkeiten.

Überbewußt sind die Quellen des alltäglichen Bewußtseins und im «höheren Erkennen» wird jeweils eine Ebene des sonst Überbewußten *erfahren.*

14 zu S. 29 Der Göttinger Philosoph L. Nelson sah die Unmöglichkeit einer Erkenntnistheorie darin, daß dabei immer dasselbe Erkennen gebraucht wird, dessen Theorie man zu begründen strebt. Siehe Carl Unger, *Schriften*, Bd. I, Stuttgart 1965, S. 88.

15 zu S. 29 Über den meditativen Ursprung der *Philosophie der Freiheit* siehe Kühlewind, *Esoterik des Erkennens und Handelns*, S. 31.

16 zu S. 30 *The Unborn. The Life and Teaching of Zen Master Bankei.* San Francisco 1984.

17 zu S. 32 Ausführlicher werden die zwei Arten der Liebe behandelt in: Kühlewind, *Esoterik* ..., S. 60ff.

18 zu S. 32 Die mathematischen Begriffe gehören sicherlich nicht zur Welt der Sinneswahrnehmungen, sie sind jedoch auch nicht rein menschliche «Erfindungen». Siehe A.I. Wittenberg, *Vom Denken in Begriffen,* Basel und Stuttgart 1968.

19 zu S. 33 Siehe Kühlewind, *Der Gral oder was die Liebe vermag,* Stuttgart 1997, 5. Kapitel.

20 zu S. 34 Steiner, Vortrag vom 30.11.1906. In: *Das christliche Mysterium,* GA 97, 2. Auflage Dornach 1981.

21 zu S. 34 Steiner, Vortrag vom 7.12.1915. In: *Menschenschicksale und Völkerschicksale,* GA 157, 3. Auflage, Dornach 1981. Der Vortrag vom 17.6.1909 in *Geisteswissenschaftliche Menschenkunde,* GA 107 (5. Aufl., Dornach 1988) behandelt eingehend die «Schöpfung aus dem Nichts».

22 zu S. 36 Zur Psychologie Dantes siehe Kühlewind, *Esoterik…*, S. 88ff.

23 zu S. 36 Thomas von Aquin, *Summa Theologiae,* I, 79, 11 ad 2.

24 zu S. 37 Steiner nennt in der *Philosophie der Freiheit* drei Stufen: moralische Intuition, Phantasie, Technik.

25 zu S. 37 Thomas von Aquin, Ver. 16,1.

26 zu S. 37 Ver. 22,15.

27 zu S. 38 *Summa Theologiae,* I, 5, 1.

28 zu S. 38 *Summa Theologiae,* I, II, 18,1.

29 zu S. 39 Siehe auch Kühlewind, *Aufmerksamkeit und Hingabe,* 14. und 16. Kapitel.

30 zu S. 40 Siehe ebenda, 18. Kapitel.

31 zu S. 41 Siehe ebenda, 25. Kapitel.

32 zu S. 42 Siehe Kühlewind, *Der sprechende Mensch,* Frankfurt am Main 1991, Kapitel III.2.

33 zu S. 45 Steiner, Vortrag vom 14.12.1915. In: *Menschenschicksale und Völkerschicksale,* GA 157.

34 zu S. 45 Siehe Anm. 8.

35 zu S. 45 Steiner, *Die Philosophie der Freiheit,* VII. Kapitel; vgl. auch Kühlewind, *Esoterik,* IV. Kapitel.

36 zu S. 46 Pieper, *Die Wirklichkeit und das Gute,* München 1963, S. 31.

37 zu S. 47 Die materia prima ist nicht stofflich. Siehe Thomas von Aquin, *Compendium Theologiae,* Kapitel 69.

38 zu S. 50 Pieper führt in *Die Wirklichkeit und das Gute* (Kapitel I) etliche auf.

39 zu S. 50 Ebenda, S. 70.

40 zu S. 51 Ebenda, S. 71.

41 zu S. 56 Die «Stufen» sind eigentlich eine Kontinuität. Wir sprechen aber stets in diskontinuierlichen Formen, weil wir nicht anders können: Eine Kontinuität ist sprachlich ungegliedert.

42 zu S. 57 Zur Schulung der Aufmerksamkeit siehe die Hinweise unter Anm. 1.

43 zu S. 57 So zum Beispiel in Steiner, *Die Schwelle der geistigen Welt,* GA 17, 7. Auflage, Dornach 1987, Kapitel: Von dem Ich-Gefühl. Und *Ein Weg zur Selbsterkenntnis des Menschen,* GA 16, 7. Auflage, Dornach 1982, Kap. 1.

44 zu S. 57 Steiner, *Theosophie,* GA 9, 31. Auflage, Dornach 1987, S. 87 und nachfolgendes Zitat S. 173.

45 zu S. 58 Siehe Kühlewind, *Aufmerksamkeit und Hingabe,* 7. Kapitel.

46 zu S. 61 So Pieper, *Hinführung zu Thomas von Aquin,* München 1958, S. 142.

47 zu S. 63 J. Pieper, *Glück und Kontemplation,* München 1979, S. 77

48 zu S. 64 Siehe Kühlewind, *Die Wahrheit tun,* 2. Auflage, Stuttgart 1982, Kapitel: Die zweite Stufe der Meditation.

49 zu S. 64 Die «uns gegebene Welt» ist durch *unser* Sinneswahrnehmen und *unsere* Begriffe, mit denen wir das Wahrgenommene deuten, gegeben.

50 zu S. 64 Auch von Steiner wird die Gegebenheit der Welt oft als Illusion bezeichnet. Siehe die ergänzenden Texte T 8a und T 8e.

51 zu S. 66 Man vergleiche dazu Steiners Ausführungen in der *Philosophie der Freiheit* (S. 91): «Wir sehen in uns eine schlechthin absolute Kraft zum Dasein kommen, eine Kraft, die universell ist, aber wir lernen sie nicht bei ihrem Ausströmen aus dem Zentrum der Welt kennen, sondern in einem Punkte der Peripherie.»

52 zu S. 70 Siehe Kühlewind, *Aufmerksamkeit und Hingabe*, Kapitel 2-4 und 19-25.

53 zu S. 71 Siehe Anm. 41.

54 zu S. 72 Steiner, Vortrag vom 22.4.1923. In: *Was wollte das Goetheanum und was soll die Anthroposophie?,* GA 84, 2. Auflage, Dornach 1986.

55 zu S. 74 Zum Beispiel *Theosophie,* Kapitel: Leib, Seele und Geist. Absatz, beginnend mit den Worten: «Das Ich lebt in der Seele...»

56 zu S. 75 J. Pieper, *Wahrheit der Dinge*, S. 95.

57 zu S. 75 «Secundum diversitatem naturarum diversus emanationis modus invenitur in rebus; et quanto aliqua natura est altior, tanto id, quod ex ea emanat, magis est intimum.»

58 zu S. 80 Der Ausdruck «die Armen im Geist» in den Evangelien deutet auf diese empfangende Bewußtseinsleerheit hin.

59 zu S. 81 In vielen Sprachen (Ungarisch, Kroatisch, Rumänisch, Russisch u.a.) bezeichnet dasselbe Wort oder ein aus derselben Wurzel gebildetes Wort Licht und Welt.

60 zu S. 83 Steiner, Vortrag vom 17.10.1920. In: *Die neue Geistigkeit und das Christus-Erlebnis des zwanzigsten Jahrhunderts,* GA 200, 3. Auflage, Dornach 1980.

61 zu S. 89 Siehe Kühlewind, *Aufmerksamkeit und Hingabe,* 25. Kapitel.

62 zu S. 90 Siehe ebenda, passim.

63 zu S. 90 Siehe dazu Steiner, *Die Geheimwissenschaft im Umriß,* GA 13, Dornach 1977, Kapitel: Wesen der Menschheit, S. 69: «In der Bewußtseinsseele enthüllt sich erst die wirkliche Natur des ‹Ich›. Denn während sich die Seele in Empfindung und Verstand an anderes verliert, ergreift sie als Bewußtseinsseele ihre eigene Wesenheit.»

64 zu S. 92 Siehe Kühlewind, *Aufmerksamkeit und Hingabe,* 13. Kapitel.

65 zu S. 93 Römerbrief 8, 20-22.

66 zu S. 93 Siehe Kühlewind, *Aufmerksamkeit und Hingabe,* 16. Kapitel; *Das Gewahrwerden des Logos,* 10. Kapitel.

67 zu S. 94 Siehe Kühlewind, *Aufmerksamkeit und Hingabe,* 13.-18. Kapitel.

68 zu S. 95 Siehe ebenda, 22. Kapitel.

69 zu S. 96 Siehe ebenda, 23. Kapitel.

70 zu S. 96 Kühlewind, *Das Reich Gottes,* Stuttgart 1994, Kapitel: Das Weltenrisiko.

Literatur und Abkürzungen

Rudolf Steiner

PhdFr Philosophie der Freiheit. Grundzüge einer modernen Weltanschauung. Seelische Beobachtungsresultate nach naturwissenschaftlicher Methode. Rudolf Steiner Gesamtausgabe Dornach/ Schweiz , GA 4. 15. Auflage, 1987.

W. u.W. Wahrheit und Wissenschaft. Vorspiel einer «Philosophie der Freiheit». GA 3.

GA 9 Theosophie. Einführung in übersinnliche Welterkenntnis und Menschenbestimmung. 30. Auflage, 1978.

GA 13 Die Geheimwissenschaft im Umriß. 29. Auflage 1977.

GA 84 Was wollte das Goetheanum und was soll die Anthroposophie. Elf Vorträge, Basel 9. April, Dornach 14. bis 22. April, Prag 27., 30. April, Wien 27., 29. September, Paris 26. Mai 1924. 2. Aufl., 1986.

GA 93a Grundelemente der Esoterik. Notizen von einem esoterischen Lehrgang in Form von einunddreißig Vorträgen. Berlin 26. September bis 5. November 1905. 1. Aufl., 1972

GA 107 Geisteswissenschaftliche Menschenkunde. Neunzehn Vorträge, Berlin 19. Oktober 1908 bis 17. Juni 1909. 4. Aufl., 1979.

GA 152 Vorstufen zum Mysterium von Golgatha. Zehn Einzelvorträge, gehalten 1913 und 1914 in verschiedenen Städten. 2. Aufl., 1980.

GA 175 Bausteine zu einer Erkenntnis des Mysteriums von Golgatha. Siebzehn Vorträge, Berlin 6. Februar bis 8. Mai 1917. 2. Aufl., 1982.

GA 197 Gegensätze in der Menscheitsentwickelung. West und Ost – Materialismus und Mystik – Wissen und Glauben. Elf Vorträge, Stuttgart 5. März bis 22. November 1920. 1. Aufl., 1967.

GA 231 Der übersinnliche Mensch, anthroposophische erfaßt. Sieben Vorträge, Den Haag 13. bis 18. November 1923. 3. Auflage, 1982.

Thomas von Aquin

Ziffern	bezeichnen Stellen aus der Summa Theologiae, Turin 1922. So bedeutet zum Beispiel II, II, 47, 2 ad 3: II. Teil des II. Hauptteils, questio 47, articulus 2, Antwort auf Einwand 3. Ebenso für den Kommentar zum Sentenzenbuch des Petrus Lombardus, so bedeutet beispielsweise I, d. 19, 5, 1: I. Buch, distinctio 19, questio 5, articulus 1.
C. G.	Summa contra gentiles, Turin 1925.
Ver.	Questiones disputatae de veritate, Turin 1924.
Nat. Verb. Int.	De natura verbi intellectus.
Quol.	Questiones quodlibetales.
C. T.	Compendium Theologiae, Heidelberg 1963.
Symb. Apost.	Erläuterung des Apostolischen Glaubensbekenntnisses. Aus den Werken von J. Pieper.

Bodhidarma

B	The Zen Teaching of Bodhidarma. San Francisco 1989.

Bankei

Bankei	The Unborn. The Life and Teaching of Zen Master Bankei. San Francisco 1984

D. T. Suzuki

ZL	Die Zen-Lehre vom Nicht-Bewußtsein. München-Planegg 1957.
GB	Die Große Befreiung. Zürich und Stuttgart 1958.

Die Ziffer hinter den Abkürzungsbuchstaben bezeichnet jeweils die Seitenzahl im betreffenden Werk.

Georg Kühlewind

Der sanfte Wille

Vom Gedachten zum Denken,
vom Gefühlten zum Fühlen,
vom Gewollten zum Willen
129 Seiten kartoniert

«Je mehr ‹mein Wille› zurücktreten kann, desto stärker wird der von außen, von der Sinneswelt, von der Seelenwelt, von der Geisteswelt an uns heranbrandende Wille in allem erfahrbar, was gestaltet ist.»

Verlag Freies Geistesleben